Frère John, Taizé
Abenteuer Heiligkeit

Frère John, Taizé

Abenteuer Heiligkeit

Biblische Perspektiven fürs eigene Leben

Verlag Neue Stadt
München · Zürich · Wien

Titel der Originalausgabe: L'aventure de la sainteté. Fondements
bibliques et perspectives actuelles,
© 1997 Ateliers et Presses de Taizé, F-71250 Taizé Communauté

Übersetzung aus dem Französischen: Dorothee Rieger

1. Auflage 2008
© Alle Rechte der deutschen Ausgabe bei Verlag Neue Stadt
Covergestaltung: Neue-Stadt-Graphik (unter Verwendung eines
Fotos von Sabine Leutenegger)
Satz: Neue-Stadt-Graphik
Druck: freiburger graphische betriebe, Freiburg i. Br.
ISBN 978-3-87996-751-3

Inhalt

Vorwort

Wozu ein Buch über die Heiligkeit? Das Thema scheint nicht geeignet, breites öffentliches Interesse zu wecken. Unsere sich ständig wandelnde Welt eröffnet zumindest denen, die im Wohlstand leben, eine Fülle von Entfaltungsmöglichkeiten, so viele wie nie zuvor. Es scheint nur noch eine Frage der Zeit zu sein, bis die letzten Bedrohungen unseres Lebens – Krankheit, Hunger, Alter – durch den Fortschritt der Wissenschaft und Technik überwunden sind. Die Toleranz scheint an Boden zu gewinnen: Die Durchmischung der Kulturen, von der das ausgehende letzte Jahrhundert geprägt war, lehrt uns mehr und mehr, Andersdenkende oder -handelnde nicht zu verurteilen. Wenn hier und da noch Tendenzen zur Intoleranz auftreten, so werden sie gern als Ausnahmen von der Regel interpretiert, die bald von der Welle der liberalen und befreiten Gesellschaft hinweggefegt werden. Warum sollte also ein Thema wie die Heiligkeit unsere wohlgenährten und selbstzufriedenen Zeitgenossen interessieren, vor allem die jüngere Generation, die möglichst viele Erfahrungen machen will?

Vielleicht zeigt das kurz skizzierte Bild nicht die Gesamtschau unserer gegenwärtigen Lage. Ist unsere Betörung mit vielen Formen der Unterhaltung und Freizeitgestaltung vielleicht letzten Endes nur ein gigantischer Versuch, den tödlichen, allumfassenden Überdruss zu betäuben, der alles zu verschlingen droht? Ist unsere Toleranz vielleicht einfach nur die Kehrseite einer tiefen Gleichgültigkeit? Wozu sollte ich Zeit und Kraft aufwenden, um einen bestimmten Standpunkt zu verteidigen, da mir „alles gleich ist"? Lauert vielleicht hinter der Fassade einer effizienten und erfolgreichen Zivilisation das Gespenst des Nihilismus, das umso erschreckender ist, da es geleugnet wird? Wir rennen, tanzen und schreien weiter, und die Musik darf nie verstummen, denn wir haben eine tödliche Angst davor, in der Stille nur eine Leere zu vernehmen, in der die unbarmherzige Uhr unserer Sterblichkeit tickt.

Es geht uns nicht darum herauszufinden, ob die gegenwärtige Zeit besser oder schlechter ist als eine vergangene oder zukünftige. Jedes Zeitalter hat seine Schattenseiten. Unsere Aufgabe ist es, die Herausforderungen und Sackgassen unserer Zeit zu verstehen, um Wege nach vorn zu finden. Sonst laufen die Großzügigkeit und der gute Wille so vieler unserer Zeitgenossen, besonders der jüngeren, Gefahr, im Nichts zu versinken – wie klare Bergbäche, die im Sumpfland versickern.

Selbst dem oberflächlichen Betrachter wird klar geworden sein: Für unsere Welt gibt es kein allumfassendes, globales Erklärungsmodell, in dem alle Bereiche des Lebens in ein harmonisches Ganzes integriert sind. Die postmoderne Gesellschaft ist eine zersplitterte Gesellschaft; ihr Problem ist nicht so sehr das der Sinnlosigkeit als vielmehr die unüberschaubare Anzahl von Sinngebungen ohne augenscheinlichen Zusammenhang. Es ist jedem selbst überlassen, sich aus den diversen Sinnfragmenten, die ihm zur Verfügung stehen, eine funktionierende Identität zu basteln und sich die Welt sozusagen neu zu erfinden. Dieser Zustand fördert so sehr die Haltung von Toleranz und Flexibilität, dass man bereits von einem „fließenden Selbstbild"[1] spricht. Zweifellos entsteht auf diese Weise nur ein zerbrechlicher, leicht zu erschütternder Charakter ohne starkes Rückgrat. Die innere Einheit scheint ein unerreichbarer Traum zu bleiben. Manchmal ist die Versuchung groß, den Leidensdruck durch eine enge, sektiererische Einheitlichkeit zu mindern und das fehlende Rückgrat durch eine harte äußere Schale zu ersetzen.

1 So der Titel eines Buches von Robert Jay Lifton, *The Protean Self: Human Resilience in an Age of Fragmentation,* New York: Basic Books, 1993.

Wir müssen erkennen, dass die Zersplitterung und der Überdruss innere Krankheiten sind, die eine geistliche Heilung benötigen. Aus dieser Überzeugung heraus ist die vorliegende Arbeit entstanden: Der einzige Weg aus der gegenwärtigen Krise des Vertrauens in die Menschheit führt über eine Wiederentdeckung der Heiligkeit. Ein mühevolles, fast närrisches Unternehmen, wenn man bedenkt, wie weit sich unsere Gesellschaft von ihren spirituellen Wurzeln entfernt hat! Die Moderne hat uns eine Welt ohne Mysterien hinterlassen, in der nichts der Neugier und Manipulation einer Wissenschaft entrinnt, die nur selten von reinem Wissensdurst geleitet wird. Die Natur ist schon lange nicht mehr das Sakrament einer heiligen Gegenwart, sie ist vielmehr einfach ein Rohstoff, der uns zur Verfügung steht, der dem Raubbau einer ungezügelten Technologie anheimfällt. Die Verschmutzung unserer Städte und unserer Umwelt ist nur das Symptom einer viel tiefer liegenden Störung des Gleichgewichts.

„Nichts ist heilig", und so sind wir wehrlos einem selbstmörderischen Mechanismus ausgeliefert: Wir zerstören, was wir lieben. Da die Menschen nicht leben können, ohne etwas zu lieben, und weil sie gegenwärtig dazu gezwungen sind, sich die Objekte ihrer Leidenschaft und ihrer Bewunderung selbst zu schaffen, erkennen sie deshalb immer schneller deren Unzulänglichkeit. Es verschafft ihnen eine morbide Befriedigung, selbst das in den Dreck zu stoßen, was sie vor kurzem noch in den höchsten Himmel erhoben hatten.

Wie konnte es so weit kommen? Diese Frage verlangt eine differenzierte Antwort. Wir werden sehen, dass die Bibel selbst eine meisterliche Kritik eines bestimmten Konzepts von Heiligkeit bietet, das zwischen zwei Polen navigiert, der Heiligkeit als diffuser, unpersönlicher Energie und der Heiligkeit als Absonderung. Die Bewegung hin zur Personifizierung der Heiligkeit wurde im Kommen des Sohnes Gottes als eines Menschen wie wir zur Vollendung geführt. Gleichzeitig wurde die trennende Mauer zwischen dem Göttlichen und dem Menschlichen endgültig eingerissen; die Furcht in ihrer negativen Bedeutung gibt es seither nicht mehr (vgl. 1 Johannes 4,18).

Bei allem Fortschritt im Verständnis der spirituellen Wirklichkeiten können immer auch neue Missverständnisse entstehen. In gewisser Hinsicht war die biblische und nachbiblische Kritik am heidnischen Verständnis der Heiligkeit „zu erfolgreich". Indem die jüdisch-christliche Offenbarung die Welt „entzauberte", dem Kosmos die Heiligkeit entzog und diese in einem persönlichen Gott, dem Schöpfer des Himmels und der Erde, zusammenfasste, ließ sie dort, wo der Glaube an diesen Gott verschwand, nur eine ernüchterte, desillusionierte Welt zurück. Indem sie die Furcht vor dem Zorn Gottes beseitigte, schwächte sie ungewollt auch den Sinn für das Mysterium und die unbegreifliche Tiefe der Wirklichkeit; an ihrer Stelle entstand ein „hygienisches" Universum, eine Art geistiges Disneyland. Die westliche Mentalität des Aktivismus, ein Erbe des organisatorischen Genies, aber auch des mangelnden Tiefgangs des Römischen Imperiums, löste eine Bewegung zu Moralismus und Legalismus aus, die das gesamte westliche Christentum geprägt hat. So hat das Wort „heilig" für die meisten Menschen alle geheimnisvollen und mystischen Assoziationen verloren, man kennt es nur noch in der Bedeutung eines ethischen Heldentums oder sogar einer lächerlichen Frömmelei.

Es sollte uns daher nicht überraschen, dass in unserer funktionalen High-Tech-Gesellschaft ein großes Tor für das Heilige von außerhalb offen steht, wie es besonders in verschiedenen Formen der östlichen Spiritualität ausgeprägt ist. Das zeigt, wie dringend die der jüdisch-christlichen Tradition entspringende Zivilisation sich auf ihre Wurzeln besinnen und die Vision der Heiligkeit vertiefen muss, wie sie sich in ihren Heiligen Schriften, dem Alten und dem Neuen Testament, findet. Auf diesem Weg können wir zu einer authentischen Einschätzung kommen, wir können entdecken, was wir aus nicht-christlicher Spiritualität lernen dürfen und was im Licht Christi neu ausgerichtet, vielleicht aber auch abgelehnt werden muss. Eine wahrhaftige Begegnung der Religionen, die sich viele zum Anbruch des neuen Jahrtausends wünschen, kann ohne eine solche Auseinandersetzung nicht stattfinden.

Konkreter Ausgangspunkt dieses Buches waren Bibeleinführungen zum Thema Heiligkeit, die zwei Jahre lang bei den internationalen Treffen gehalten wurden, zu denen sich jährlich Zehntausende von Jugendlichen auf dem Hügel in Taizé einfinden. Die Zuhörer dieser Bibeleinführungen unterscheiden sich sehr, was ihre Kenntnis der Bibel und ihre Bindung an den Glauben betrifft. Wenn sie nach Taizé kommen, suchen sie nicht nur Auskunft über die Quellen des christlichen Glaubens, sondern sehnen sich auch nach einer Erfahrbarkeit dieses Glaubens, der sich konkret in Gebet und gemeinsamem Leben ausdrückt. So erklärt sich der besondere Stil dieser Bibeleinführungen, die einen Mittelweg zwischen Exegese und Spiritualität einschlagen. Aus pädagogischen Erwägungen ist es mir zudem ein Anliegen, eine in sich einheitliche Geschichte zu erzählen. Es ist mir bewusst, dass in der Bibel eine Vielfalt von Theologien Ausdruck findet, aber es schien mir wünschenswert, die Kontinuität der biblischen Lehre darzustellen und ihre Einheit zu betonen, um so ihre Einzigartigkeit greifbar zu machen.

Warum also ein Buch über die Heiligkeit? Letztendlich, um ein Thema anzugehen, das Würze für eine Welt ist, die trotz ihrer beeindruckenden Errungenschaften in Wissen und Können Gefahr läuft, der Geistlosigkeit zu erliegen. Zudem bietet uns das Thema eine Basis, auf der wir eine Einheit bauen können, die nicht von dieser Welt ist und daher die Vielfalt des Lebens respektiert. Ist das zu anspruchsvoll? Ich glaube nicht, wenn wir leidenschaftlich und vertrauensvoll dem Ruf dessen folgen, der versprochen hat, uns zum Salz der Erde und zum Licht der Welt zu machen.

Machen wir uns auf den Weg, suchen wir diese Würze und dieses Feuer, indem wir aus der Quelle des Lebens schöpfen, die wir die Bibel nennen.

*   *   *

Abbas Lot kam zu Abbas Joseph und sagte:
„Vater, so gut ich kann, halte ich meine kleine Regel ein,
mein kleines Fasten, mein Gebet,
meine Meditation und die kontemplative Stille;
und so gut ich kann, trachte ich danach,
mein Herz von Gedanken zu reinigen.
Was kann ich sonst noch tun?"

Der Ältere erhob sich, streckte die Arme zum Himmel,
und seine Finger wurden wie zehn feurige Lichter.
Er sagte: „Wenn du willst, werde ganz zur Flamme."

(Aus der Überlieferung der sogenannten Wüstenväter, ägyptischer Mönche des 4. Jahrhunderts)

Annäherung
an das Geheimnis

Es gibt Worte und Ausdrücke, deren Bedeutung völlig klar erscheint, bis man beginnt, darüber nachzudenken. Das Wort „heilig" ist dafür ein geeignetes Beispiel. Heutzutage verstehen die meisten Menschen darunter eine moralische Eigenschaft des Menschen, so etwas wie einen ethischen Heroismus. Wenn wir von diesem Verständnis ausgehen, befinden wir uns jedoch, so selbstverständlich es uns auch erscheinen mag, von Anfang an auf dem Holzweg.

Bevor wir uns daher mit der Heiligkeit im Menschen beschäftigen, müssen wir weit ausholen. Ein Blick auf die Religionsgeschichte zeigt uns, dass es gut ist, die Heiligkeit als eine Realität außerhalb des Menschen zu betrachten, als eine Realität, mit welcher der Mensch im Verlauf einer bestimmten *Erfahrung*[2] konfrontiert wird.

Solche Erfahrungen tauchen in vielen Kulturen auf. In der Bibel findet man im dritten Kapitel des Buches Exodus ein besonders aufschlussreiches Beispiel in einer Geschichte aus dem Leben des Mose. Dieses Ereignis, das ihn für sein ganzes Leben prägen wird, beschreibt etwas, was man eine archetypische Erfahrung der Begegnung des Menschen mit dem Heiligen nennen kann.

---

2 Wenn ich über die Heiligkeit als *Erfahrung* spreche, will ich sie nicht darauf reduzieren oder von anderen Möglichkeiten der Betrachtung abgrenzen, wie es z. B. Martin Buber in seinem bekannten Buch *Ich und Du* tut. Der jüdische Theologe unterscheidet *Erfahrung*, die er als charakteristisch für eine Ich-Es-Beziehung sieht, und *Beziehung*, die charakteristisch für ein Ich-Du-Verhältnis sei. Ich benutze das Wort „Erfahrung" in einer sehr allgemeinen Bedeutung, nämlich dass jemandem etwas geschieht, das er nicht selbst verursacht und das Folgen für sein Leben hat. Man könnte dafür auch das Wort „Ereignis" verwenden.

Im vorausgehenden Kapitel berichtet das Buch Exodus vom Leben des Mose vor diesem Schlüsselerlebnis. Mose wurde als Hebräer in Ägypten geboren und gehörte der unterdrückten Bevölkerungsschicht an; er war als Säugling von der Tochter des Pharao gefunden und von dieser als Ägypter erzogen worden. Er wuchs also mit einer doppelten Identität auf, in einer lang andauernden „Identitätskrise". In der Welt, die ihn umgab, fühlte sich der junge Mose nicht richtig zu Hause. Er suchte eine radikale Veränderung, wollte eine gerechtere Gesellschaft schaffen, doch er versagte und musste flüchten, nachdem er einen Mann erschlagen hatte.

Als „Gast ... in fremdem Lande" (Exodus 2,22) lebte Mose nun als Schafhirte. Eines Tages führte er seine Herde in die Wildnis, abseits der ausgetretenen Pfade. Und dort, weit weg vom geordneten Leben der menschlichen Gesellschaft, erlebte dieser entwurzelte Mann etwas, an dem wir die grundlegenden Aspekte der Erfahrung des Heiligen begreifen können:

„Mose weidete die Schafe und Ziegen seines Schwiegervaters Jitro, des Priesters von Midian. Eines Tages trieb er das Vieh über die Steppe hinaus und kam zum Gottesberg Horeb. Dort erschien ihm der Engel des Herrn in einer Flamme, die aus einem Dornbusch emporschlug. Er schaute hin: Da brannte der Dornbusch und verbrannte doch nicht. Mose sagte: Ich will dorthin gehen und mir die außergewöhnliche Erscheinung ansehen. Warum verbrennt denn der Dornbusch nicht? Als der Herr sah, dass Mose näher kam, um sich das anzusehen, rief Gott ihm aus dem Dornbusch zu: Mose, Mose! Er antwortete: Hier bin ich. Der Herr sagte: Komm nicht näher heran! Leg deine Schuhe ab; denn der Ort, wo du stehst, ist heiliger Boden. Dann fuhr er fort: Ich bin der Gott deines Vaters, der Gott Abrahams, der Gott Isaaks und der Gott Jakobs. Da verhüllte Mose sein Gesicht; denn er fürchtete sich, Gott anzuschauen" (Exodus 3,1-6).

Die Erfahrung des Mose beginnt mit einer „wundersamen Erscheinung" (Martin Luther), einer „außergewöhnlichen Erscheinung" (Einheitsübersetzung), einem „großen Gesicht" (Elberfelder Bibel), mit anderen Worten: mit einer Begegnung mit dem Unerwarteten, dem Beunruhigenden, das jedoch gleichzeitig von einem einfachen Element der Wirklichkeit ausgeht. Ein Busch brennt, ohne zu verbrennen. Dieses ungewöhnliche Phänomen ist wie ein Wegweiser, der den Weg aus unserer alltäglichen Wirklichkeit hinaus und zu einer anderen Stufe des Seins weist. Oder, um es anders auszudrücken, es ist wie ein Fragezeichen, das die Tür zu einer unbekannten Welt öffnet, in der nicht die gleichen Gesetze wie im alltäglichen Leben gelten.

Manchmal benutzt man zur Beschreibung eines solchen Phänomens das Wort *Mysterium*. Es geht nicht darum, ein Rätsel zu lösen oder einem Geheimnis auf die Spur zu kommen. Der Begriff *Mysterium* beschreibt vielmehr eine Realität, deren Bedeutung unerschöpflich ist. Ein Mysterium ist wie das Tor zu einem Universum, das sich ständig weiter ausdehnt und in dem es mit jeder neuen Entdeckung Neues zu lernen gibt. Es ist der kritische Punkt, an dem die geordnete Oberfläche des Kosmos aufbricht und unergründliche Tiefen erahnen lässt. Das Bild des Feuers unterstreicht die Dynamik des Mysteriums: Es ist nicht passiv, sondern eine Wirklichkeit, der eigenes Leben innewohnt.

Angesichts der Wirklichkeit dieses Mysteriums reagiert Mose auf komplexe, ja sogar paradoxe Weise. Zunächst nähert er sich: „Ich will dorthin gehen und mir die außergewöhnliche Erscheinung ansehen …" (V. 3). In der Erfahrung des Mysteriums gibt es ein Element, das anzieht, das fasziniert. In den Tiefen des Seins erwacht ein Durst, den dieser Mensch nie zuvor gekannt hat. In dieser Hinsicht gleicht die Erfahrung des Heiligen der Begegnung mit der Schönheit: Der Mensch fühlt sich spontan von einer Wirklichkeit angezogen, die ihm ausdrucksvoll und sinnvoll erscheint.

Gleichzeitig zeigt sich eine entgegengesetzte Reaktion. Mose hört eine Stimme, die zu ihm sagt: „Komm nicht näher heran!" (V. 5). Und dann heißt es: „Da verhüllte Mose sein Gesicht; denn er fürchtete sich, Gott anzuschauen" (V. 6b). Paradoxerweise löst die Erfahrung des Mysteriums sowohl das Verlangen aus näherzutreten, als auch die Furcht, zu nahe zu kommen. Indem er sein Gesicht verhüllt, versucht Mose, sich vor dem bedrohlichen Aspekt dieser Begegnung zu schützen.

Wir wollen nun versuchen, diesen zweiten Gesichtspunkt in der Reaktion des Mose besser zu verstehen. Welche Art von „Furcht" empfindet er? Es ist zunächst nicht die Furcht davor, bestraft oder von einer bösen Macht vernichtet zu werden: Bedeutsam ist, dass das Feuer den Busch *nicht* verbrennt. Die „Furcht", die Mose empfindet, ist von anderer Art; sie ist mehr die Furcht vor dem Unbekannten. Das Wort „Furcht" meint die Gemütslage einer Person, die ihren Alltag hinter sich lässt und nun mit etwas völlig Neuem und Unerwartetem konfrontiert wird, mit einer gewaltigen Wirklichkeit, deren Gesetze sie nicht kennt.[3] Nach der Begegnung mit dieser Wirklichkeit wird nichts mehr so sein wie vorher.[4]

Diese Dimension der Begegnung mit dem Heiligen kann je nach den speziellen Umständen stark variieren. Angesichts des

---

3 In dieser Hinsicht ist das deutsche Wort „unheimlich" aufschlussreich. Zunächst bedeutete es einfach „nicht wie zu Hause", „erst seit dem ende des 18. jhs. mit engerer beziehung auf das gefühlsleben schrecklich, grauenvoll" (*Deutsches Wörterbuch von Jacob Grimm und Wilhelm Grimm.* 16 Bde. [in 32 Teilbänden]. Leipzig: S. Hirzel 1854-1960. http://germazope.uni-trier.de/Projects/WBB/woerterbuecher). Indem *unheimlich* das Unbehagen angesichts eines Bereichs ausdrückt, den man nicht kennt, kommt es der Furcht, die hier gemeint ist, sehr nahe.
4 Für eine Lektüre der Bibel ausgehend vom Thema des Neuen und Unerwarteten, siehe Frère John, Taizé, *Ein Gott der Überraschungen,* München: Claudius Verlag, 2. Auflage 2001. Die beiden Konzepte des Neuen und des Heiligen erhellen sich gegenseitig.

brennenden Busches ist die Furcht für Mose nicht so überwältigend, dass er die Flucht ergreift. Daher kommt es zur Begegnung. Später jedoch, als er mit den aus der Sklaverei befreiten Israeliten an diesen Ort zurückkehrt, ist die Erfahrung des Heiligen in einem gewaltigen Sturm so erschreckend, dass sich das Volk weigert näherzukommen:

„Das ganze Volk erlebte, wie es donnerte und blitzte, wie Hörner erklangen und der Berg rauchte. Da bekam das Volk Angst, es zitterte und hielt sich in der Ferne. Sie sagten zu Mose: Rede du mit uns, dann wollen wir hören. Gott soll nicht mit uns reden, sonst sterben wir" (Exodus 20,18f).

Solche Erfahrungen ließen das Volk der Bibel zu dem Schluss kommen, dass man der Heiligkeit Gottes nicht direkt begegnen und dabei am Leben bleiben kann (vgl. Exodus 19,21ff; 33,20; 1 Samuel 6,20). Auch hier muss deutlich darauf hingewiesen werden, dass dies nicht bedeutet, dass Gott den Menschen nicht wohlgesonnen sei. Der Gott, der sich auf dem Sinai offenbart, ist derselbe Gott, der die Israeliten aus der Unterdrückung befreit und in ein glückliches Land geführt hat. An dieser Stelle wird ausgedrückt, dass die Geschöpfe in ihrer Zerbrechlichkeit nicht für eine unmittelbare Begegnung mit dem Absoluten geschaffen sind. In Exodus 33,18-23 wird zum Beispiel berichtet, dass Mose darum bat, Gott sehen zu dürfen; Gott selbst hielt ihn von diesem unbesonnenen Vorhaben ab.

In verschiedener Ausprägung kann sich die „Furcht" bei der Begegnung mit dem Heiligen auch in einer Haltung der respektvollen Aufmerksamkeit, der Verwunderung und Ehrfurcht oder sogar der Verblüffung ausdrücken. Wie die einzelnen Formen der „Furcht" auch ausgedrückt werden, es kommt darauf an, das Wesentliche der Erfahrung zu begreifen: die Begegnung mit einer mysteriösen und dynamischen Realität, die einerseits das tiefste Sehnen des Menschen erfüllt, ihn andererseits auf eine Ebene der Wirklichkeit trägt, welche die Grundfesten seiner Existenz erschüttert.[5]

Ein weiterer Aspekt der Erfahrung des Heiligen wird durch die Handlung verdeutlicht, die Mose aufgetragen wird, als er den brennenden Busch sieht: „Leg deine Schuhe ab; denn der Ort, wo du stehst, ist heiliger Boden" (Exodus 3,5). Zur damaligen Zeit war es üblich, dass man beim Kauf eines Feldes oder Grundstücks um dieses herum ging; dadurch nahm man es in Besitz. Auf etwas zu treten, seinen Fuß, bekleidet mit Schuhen oder Sandalen, auf etwas zu setzen, drückte auf ganz natürliche Weise aus: „Das ist mein. Es gehört mir. Ich bin der Besitzer."

Dass Mose seine Sandalen ausziehen muss, bevor er den Boden um den brennenden Busch betritt, besagt, dass das Heilige niemals vom Menschen besessen, manipuliert oder kontrolliert werden kann. Hier betritt der Mensch einen Bereich, in dem er nicht zu bestimmen hat, in dem er nichts anderes tun kann, als sich empfangen zu lassen. Hier muss der Mensch respektieren, was ihm geschenkt wird, und sein Kontrollieren-Wollen aufgeben. Dieser Aspekt des Mysteriums wirft noch ein etwas anderes Licht auf die „Furcht" oder Ehrfurcht, von der wir gesprochen haben. Menschen fühlen sich unwohl, wenn sie nicht Herr einer Lage sind, denn dann tritt ihre Zerbrechlichkeit besonders deutlich zutage. Wir können nun besser verstehen, warum die Erfahrung der Heiligkeit so unvereinbar erscheint mit der modernen Welt, dass sie sogar schon vom Wortsinn her für viele unserer Zeitgenossen unverständlich ist. Eine techno-

---

5 Obwohl fast ein Jahrhundert vergangen ist, hat die phänomenologische Untersuchung der Heiligkeit des deutschen Theologen Rudolf Otto (*Das Heilige*, 1917) nichts von ihrer Aktualität verloren. Meine vorliegende Arbeit verdankt viel seinem Konzept des *mysterium tremendum et fascinans*. Für eine weitere Betrachtung der Heiligkeit, die weniger die subjektiven Konsequenzen als vielmehr die Vielfalt ihrer objektiven Erscheinungen untersucht, siehe G. van der Leeuw, *Religion in Essence and Manifestation,* Princeton University Press, 1986. Siehe auch einschlägige Werke von Mircea Eliade.

logische, wissenschaftliche Kultur reduziert ein Mysterium auf ein simples Rätsel, das es zu lösen gilt. Keineswegs legt sie ihre Sandalen ab, vielmehr rüstet sie sich mit allen möglichen „Schuhen" aus, um das Phänomen zu begutachten und möglichst großen Nutzen daraus zu ziehen. Im Alltag hat eine solche Haltung unleugbare Vorteile, aber sie macht eine authentische Begegnung mit der Realität des Heiligen praktisch unmöglich.

Auch in anderen traditionellen Kulturen gibt es ein Unbehagen angesichts des Heiligen. Dort jedoch stellt sich ein anderes Problem. Man isoliert eine heilige Stätte oder einen heiligen Gegenstand vom Alltagsleben, indem man sichtbare oder unsichtbare Mauern darum errichtet. So gibt es z. B. Regeln, nach denen der Zugang auf bestimmte Zeiten beschränkt wird, oder auf bestimmte Personen, die bestimmte Kriterien erfüllen müssen. Solche „Reinheitsregeln" erfüllen mehrere Zwecke: zunächst sind sie ein Versuch, den Menschen vor einer furchterregenden Macht zu schützen, die den Alltag aus dem Gleichgewicht bringt, weil sie nicht an seine Regeln gebunden ist. Des Weiteren besteht immer die Gefahr, dass der Gegenstand (Stein, Baum, Stätte …) in dem das Heilige ruht, entweiht werden könnte, denn dieser Gegenstand bleibt ja ein Teil der materiellen Welt. Reinheitsgebote erfüllen daher den Zweck, den heiligen Gegenstand vor einem Übergriff zu schützen, durch den er seine Heiligkeit verlieren könnte. Dies wird auch an der Etymologie des Wortes „heilig" deutlich; im Hebräischen hat das Wort „heilig", *kadosch*, denselben Wortstamm wie die Begriffe für „abgesondert, getrennt".

Auch in der Welt der Bibel gibt es die Tendenz zur Absonderung des Heiligen. Das Streben nach Reinheit prägte das Volk Israel genau wie viele andere Kulturen der damaligen Zeit. Das konnte auch nicht anders sein, da Israel stets in Symbiose mit der umgebenden Welt lebte. Die Offenbarung des Einen, der allein Gott ist, fällt nicht vorgefertigt vom Himmel: Gottes Handeln wirkt seiner Natur nach langsam im Menschen und in der materiellen Welt, nur nach und nach kommen Gottes Absichten zum Ausdruck. Was die Heiligkeit betrifft, so werden wir noch sehen, dass der Aspekt der Absonderung, so verständlich und auch notwendig er zu mancher Zeit und an manchem Ort war, keinesfalls die grundlegende Bedeutung des Heiligen ausdrückt. Ganz im Gegenteil, das Getrenntsein stellt letzten Endes ein Hindernis für ein authentisches Verständnis dessen dar, was die Bibel als Heiligkeit beschreibt.

Sehen wir uns zum besseren Verständnis einen weiteren Bibeltext über eine Erfahrung des Heiligen an. Sie ereignet sich mehrere Jahrhunderte nach Mose und markiert den Anfang der Laufbahn Jesajas, eines der größten Propheten Israels:

„Im Todesjahr des Königs Usija sah ich den Herrn. Er saß auf einem hohen und erhabenen Thron. Der Saum seines Gewandes füllte den Tempel aus. Serafim standen über ihm. Jeder hatte sechs Flügel: Mit zwei Flügeln bedeckten sie ihr Gesicht, mit zwei bedeckten sie ihre Füße und mit zwei flogen sie. Sie riefen einander zu: Heilig, heilig, heilig ist der Herr der Heere. Von seiner Herrlichkeit ist die ganze Erde erfüllt. Die Türschwellen bebten bei ihrem lauten Ruf und der Tempel füllte sich mit Rauch. Da sagte ich: Weh mir, ich bin verloren. Denn ich bin ein Mann mit unreinen Lippen und lebe mitten in einem Volk mit unreinen Lippen und meine Augen haben den König, den Herrn der Heere, gesehen" (Jesaja 6,1-5).

Während Mose ein Außenseiter war, der fernab der menschlichen Gesellschaft die Wildnis durchstreifte, stand Jesaja im Zentrum des öffentlichen Lebens in Israel, im großen Tempel zu Jerusalem. Eines Tages, wohl während einer liturgischen Feier, machte der Prophet die Erfahrung der Heiligkeit, er hatte eine Vision von Gott als einem mächtigen König, umgeben von Herrlichkeit. Himmlische Wesen sangen sein Lob und der Tempel war erfüllt von Rauch. Wie Mose begegnete auch Jesaja einem Mysterium jenseits seiner Erfahrungswelt, und das raubte ihm den Atem.

Im Gesang der Serafim (V. 3b) findet sich ein wichtiges Wort aus dem biblischen Vokabular über die Heiligkeit. Es ist das Wort *kabod*, das meist mit „Herrlichkeit" übersetzt wird. Der Wortstamm bedeutet „etwas, das Gewicht hat", das meint die Wirklichkeit eines Wesens, wie sie sich nach außen hin ausdrückt. In der Vision des Jesaja besagt das Wort, dass die Heiligkeit eine dynamische Wirklichkeit ist, die nach außen strahlt, sich ausbreitet, um das ganze Universum zu erfüllen. Die Ausstrahlung seiner Heiligkeit: das ist Gottes Herrlichkeit.

Angesichts dieser überwältigenden Vision hat auch Jesaja das Bedürfnis, sich zurückzuziehen, in seinem Fall jedoch eher innerlich. Er fühlt nicht so sehr Furcht, sondern wird sich bewusst, wie zerbrechlich und unvollkommen er ist. Er bezeichnet sich als „Mann mit unreinen Lippen", dem es nicht möglich ist, in den himmlischen Gesang einzustimmen. Die Berührung mit dem Heiligen weckt in ihm das Gefühl der Unzulänglichkeit. Angesichts des überfließenden Lebens, dem er begegnet ist, fühlt er sich nicht wahrhaft lebendig.

ZUM NACHDENKEN

1. Die Bibel zeigt uns, dass die Begegnung mit Gott gerade dann stattfinden kann, wenn wir fern der Heimat sind. Hat es in meinem Leben schon solche „Wüstenerfahrungen" gegeben? Wann und wie? Was können wir tun, um unser „Ägypten" nicht mit uns in die Wüste mitzunehmen?

2. Wenn wir näher hinsehen, bemerken wir, dass viele Menschen in ihrem Leben schon eine Erfahrung des Mysteriums gemacht haben. Solche Erfahrungen sind ein guter Ausgangspunkt, um zu verstehen, was Mose und Jesaja widerfahren ist.

Habe ich persönlich bereits solche Erfahrungen gemacht, z. B. im Bereich der Natur (Berge, Meer, Sonnenuntergang …), in der Kunst (Musik, Dichtung …), in menschlichen Beziehungen (Intimität, Freundschaft, Hilfsbereitschaft …), im Gebet (Schönheit der Liturgie …)?

3. Habe ich wie Jesaja schon die Gegenwart Gottes im Alltag mit anderen Menschen entdeckt, z. B. in meiner Kirche vor Ort, zu besonderen Zeiten oder an außergewöhnlichen Orten? Fühle ich mich manchmal unzulänglich, nicht fähig zu erfüllen, was Gott von mir erhofft? Wie gehe ich damit um?

Ein verzehrendes Feuer

Im vorangegangenen Kapitel haben wir damit begonnen, den biblischen Begriff „heilig" tiefer zu verstehen. Wir gingen davon aus, dass die Heiligkeit eine bestimmte Erfahrung ist, die dem Menschen widerfahren kann, die Begegnung mit einer Wirklichkeit, einem machtvollen Mysterium. Diese Erfahrung ist zugleich faszinierend und erschreckend, denn sie reißt den Menschen aus dem Alltag heraus und führt ihn in eine neue, unbekannte Welt.

In den Bibeltexten, in denen beschrieben wird, wie Mose und Jesaja eine solche Erfahrung mit dem Heiligen machten, haben wir das klassische Symbol für das Heilige, das in vielen verschiedenen religiösen Traditionen bekannt ist: das Bild des Feuers. Das Feuer ist rätselhaft und dynamisch, faszinierend und bedrohlich zugleich; der Mensch ist davon angezogen und doch nicht fähig, allzu nahe heranzukommen. Es ist wunderschön und nützlich, aber auch gefährlich, denn es gerät leicht aus der Kontrolle des Menschen. All diese Eigenschaften machen das Feuer zu einem weitverbreiteten Symbol für das Heilige.

In der Bibel finden sich zahllose Texte, in denen das Bild des Feuers vorkommt. Wir wollen einige davon betrachten, um die unterschiedlichen Aspekte der Heiligkeit auszuleuchten. In den ältesten Schichten der biblischen Überlieferung wird die Ankunft des Göttlichen in unserer Welt oft mit sehr konkreten Begriffen beschrieben: Es sind meist dramatische Bilder von Naturgewalten, beispielsweise ein Sturm, ein Erdbeben oder eine Feuersbrunst. Der Fachbegriff für solche Offenbarungen ist *Theophanie* („Gotteserscheinung"). Beiläufig haben wir bereits die *Theophanie* auf dem Berg Sinai erwähnt:

„Am dritten Tag, im Morgengrauen, begann es zu donnern und zu blitzen. Schwere Wolken lagen über dem Berg und gewaltiger Hörnerschall erklang. Das ganze Volk im Lager begann zu zittern. Mose führte es aus dem Lager hinaus Gott entgegen. Unten am Berg blieben sie stehen. Der ganze Sinai war in Rauch gehüllt, denn der Herr war im Feuer auf ihn herabgestiegen. Der Rauch stieg vom Berg auf wie Rauch aus einem Schmelzofen. Der ganze Berg bebte gewaltig und der Hörnerschall wurde immer lauter" (Exodus 19,16-19a).

Diese gewaltigen Naturerscheinungen beschreiben, welche Umwälzungen durch den Eintritt des Göttlichen in unsere Welt hervorgerufen werden. Auf dramatische Art und Weise wird ausgedrückt, dass die Schöpfung nicht in der Lage ist, Gott zu fassen, dass Gottes Gegenwart ein sich selbst genügendes Universum aus dem Rhythmus wirft. Aber das Kommen Gottes ist nicht in erster Linie und nicht im Wesentlichen destruktiv. Zumeist offenbart Gott seine Gegenwart auf diese Weise, im Feuer und im Sturm, um seinem Volk im Kampf zu Hilfe zu eilen. In Psalm 18 zum Beispiel ist der König bedroht und ruft zum Herrn, der kommt, um ihn zu retten:

„In meiner Not rief ich zum Herrn
und schrie zu meinem Gott.
Aus seinem Heiligtum hörte er mein Rufen,
mein Hilfeschrei drang an sein Ohr.
Da wankte und schwankte die Erde,
die Grundfesten der Berge erbebten. ...
Rauch stieg aus seiner Nase auf,
aus seinem Mund kam verzehrendes Feuer ...
Er neigte den Himmel und fuhr herab,
zu seinen Füßen dunkle Wolken. ...
Von seinem Glanz erstrahlten die Wolken,
Hagel fiel nieder und glühende Kohlen."
(Psalm 18,7-13)

In solchen archaisch scheinenden Texten (vgl. auch Richter 5,4f; Psalm 68,2f; 97,3-5) kommt Gott im Aufbäumen der Natur, um sein Volk zu retten. Auch wenn in späteren Texten diese kausale Verbindung zwischen Naturgewalten und dem Kommen Gottes infrage gestellt wird (vgl. 1 Könige 19,11-13), ist es doch bemerkenswert, dass am Anfang das Sinnbild des Feuers ganz spontan mit der Gegenwart des Göttlichen verbunden ist.

Ein weiterer Aspekt der Feuersymbolik zeigt sich während der Wanderung des Volkes Gottes durch die Wüste nach seinem Auszug aus Ägypten:

„Der Herr zog vor ihnen her, bei Tag in einer Wolkensäule, um ihnen den Weg zu zeigen, bei Nacht in einer Feuersäule, um ihnen zu leuchten. So konnten sie Tag und Nacht unterwegs sein. Die Wolkensäule wich bei Tag nicht von der Spitze des Volkes und die Feuersäule nicht bei Nacht" (Exodus 13,21f).

Hier zeigt sich die förderliche Eigenschaft des Feuers: Es leuchtet, um den Weg zu weisen (vgl. auch Psalm 18,29; 119,105). Jesus greift dieses Bild auf, wenn er sagt: „Ich bin das Licht der Welt. Wer mir nachfolgt, wird nicht in der Finsternis umhergehen, sondern wird das Licht des Lebens haben" (Johannes 8,12).

Es überrascht nicht, dass gerade das Buch des Propheten Jesaja, das so tief vom Gottesbild des „Heiligen Israels" geprägt ist, besonders reich an solchen Texten ist. Es beginnt mit dem Begriff des Feuers als einer Macht, die reinigt, aber auch auslöscht, was unnütz oder gefährlich ist. Der Prophet beschreibt, was er in der Vision seiner Berufung gesehen hat: dass das Heilige inmitten seines Volkes gegenwärtig ist, und er ist überzeugt, dass diese Gegenwart zu einer Läuterung führen wird:

„Israels Licht wird zum Feuer,
sein Heiliger wird zur Flamme.
Sie brennt und verzehrt die Dornen und Disteln von Assur
an einem einzigen Tag."
(Jesaja 10,17)

Und dann werden sich alle, die sich mit dem Bösen eingelassen haben, ertappt fühlen; für sie wird sich die natürliche Ehrfurcht in blanke Todesangst wandeln:

„Die Sünder in Zion beginnen zu zittern,
ein Schauder erfasst die ruchlosen Menschen.
Wer von uns hält es aus neben dem verzehrenden Feuer,
wer von uns hält es aus neben der ewigen Glut?"
(Jesaja 33,14)

Wird die Furcht vor der Vernichtung das letzte Wort sein? Nein, antwortet der Prophet:

„Wer rechtschaffen lebt und immer die Wahrheit sagt,
wer es ablehnt, Gewinn zu erpressen,
wer sich weigert, Bestechungsgelder zu nehmen,
wer sein Ohr verstopft, um keinen Mordplan zu hören,
und die Augen schließt, um nichts Böses zu sehen ..."
(Jesaja 33,15)

Das Sinnbild des reinigenden Feuers wird ein Ruf zur Umkehr, eine dringende Aufforderung, nicht an dem zu hängen, was verderben wird; denn ein solches Verhalten kann beim Kommen des Heiligen nicht bestehen. Was Jesaja hier beschreibt, ist der Ausgangspunkt dessen, was in der Bibel als „Feuer des Gerichts" oder „Zorn Gottes" weiterentwickelt wird. Werden diese Themen allerdings von der übergreifenden Vision des Heiligen losgelöst, verlieren sie ihre eigentliche Bedeutung. Im Mund von Predigern, die ihre eigene innere Düsternis mit einer göttlichen Berufung verwechseln, dienen sie nur dazu, bei ihren Hörern ungesunde Schuldgefühle zu wecken. Das „Feuer der Heiligkeit" als solches ist, wie schon öfter gesagt, nicht zerstörerisch; es ist von seiner Natur her einfach unvereinbar mit dem Bösen. Das Einzige, was dazu verdammt ist, auf ewig verloren zu gehen, ist das, was der Verwirklichung von Gottes Liebe entgegensteht:

„Jeder Stiefel, der dröhnend daherstampft,
jeder Mantel, der mit Blut befleckt ist,
wird verbrannt, wird ein Fraß des Feuers."
(Jesaja 9,4)

Ein späterer Prophet beschreibt Gottes Ankunft im Tempel als reinigendes Feuer. Hier ist die Läuterung vor allem für die Priester gedacht, damit sie Opfer darbringen können, die Gott gefallen:

„Seht, ich sende meinen Boten; er soll den Weg für mich bahnen. Dann kommt plötzlich zu seinem Tempel der Herr, den ihr sucht, und der Bote des Bundes, den ihr herbeiwünscht … Doch wer erträgt den Tag, an dem er kommt? Wer kann bestehen, wenn er erscheint? Denn er ist wie das Feuer im Schmelzofen und wie die Lauge im Waschtrog. Er setzt sich, um das Silber zu schmelzen und zu reinigen: Er reinigt die Söhne Levis, er läutert sie wie Gold und Silber. Dann werden sie dem Herrn die richtigen Opfer darbringen …
Denn seht, der Tag kommt, er brennt wie ein Ofen: Da werden alle Überheblichen und Frevler zu Spreu, und der Tag, der kommt, wird sie verbrennen, spricht der Herr der Heere. Weder Wurzel noch Zweig wird ihnen bleiben. Für euch aber, die ihr meinen Namen fürchtet, wird die Sonne der Gerechtigkeit aufgehen, und ihre Flügel bringen Heilung" (Maleachi 3,1-3.19f; vgl. Sacharja 13,9).

Der Prophet beschreibt hier die Erscheinung des Göttlichen gleichzeitig als eine verschlingende Feuersbrunst und als eine Sonne, die wärmt und heilt. Es gibt noch weitere Texte, die das Feuer als etwas Schützendes darstellen. Der Tag wird kommen, an dem sich Gottes Herrlichkeit, die das Volk auf dem Exodus erahnen konnte, mitten unter den Menschen niederlassen und Israel vor seinen Feinden schützen und vor den Gewalten der Natur bewahren wird:

> Der Herr „kommt, und über dem ganzen Gebiet des Berges Zion und seinen Festplätzen erscheint bei Tag eine Wolke und bei Nacht Rauch und eine strahlende Feuerflamme. Denn über allem liegt als Schutz und Schirm die Herrlichkeit des Herrn; sie spendet bei Tag Schatten vor der Hitze und ist Zuflucht und Obdach bei Unwetter und Regen" (Jesaja 4,5f).

Es wäre nicht schwierig, viele weitere biblische Texte anzuführen, die mit dem Symbol des Feuers die Eigenschaften des Heiligen beschreiben. Doch uns sollen die zitierten Stellen genügen, um die Relevanz des Sinnbildes und den Reichtum seiner Bedeutung herauszustellen. Das Feuer Gottes ist ein und dasselbe, obwohl es je nach Situation unterschiedliche Konsequenzen hervorruft: Es läutert, es schützt, es erleuchtet, es zeigt den Weg, es reinigt, es bewahrt …, aber es handelt sich immer um dieselbe Realität. Von Gott aus gesehen ist es ganz einfach; die Komplexität entsteht erst aus der Vielfalt menschlicher Befindlichkeiten.[6] Das Feuer des Heiligen hat viele verschiedene

---

6 Siehe dazu auch die Bemerkung Blaise Pascals: „Alles, was nicht von der Liebe handelt, ist Sinnbild. Der einzige Gegenstand der Schrift ist die Liebe. … So bringt Gott in das einzige Gebot, ihn zu lieben, Abwechslung, um unsere Neugierde zu befriedigen, die die Abwechslung braucht, und durch diese Vielfalt uns immer in das uns einzig Notwendige zu leiten; denn ‚eins ist notwendig', wir aber lieben das Verschiedene; und so genügt Gott durch diese Abwechslung dem einen und dem andern, die zu den einzig Notwendigen führen" (*Pensées* 670, übersetzt von Ewald Wasmuth, Heidelberg: Lambert Schneider 1978, 305 [Übersetzung leicht verändert]).

Auswirkungen, wenn es unserer menschlichen Welt begegnet, aber wir sollten deshalb nicht die eine grundlegende Wirklichkeit aus den Augen verlieren, das Mysterium, das auch in einem Lied zum Ausdruck kommt, das die grundlegende Einsicht eines Mönchs aus dem siebten Jahrhundert, Isaak von Ninive genannt, aufgreift: „Gott kann nur Liebe geben."

ZUM NACHDENKEN

Der Autor des Briefes an die Hebräer greift ein Wort aus dem Buch Deuteronomium auf:

„Unser Gott ist verzehrendes Feuer."
(Hebräer 12,29; Deuteronomium 4,24)

Ist das eine gute Nachricht? Inwiefern? Widerspricht das der großen Feststellung des Johannes „Gott ist Liebe" (1 Johannes 4,8.16)?

Wenn es keinen Widerspruch gibt, wie kann das Sinnbild des Feuers zu unserem Verständnis von Liebe beitragen?

Ein Gott, der spricht

In unserer Betrachtung über das Heilige als einer bestimmten Erfahrung, die dem Menschen zugänglich ist, als einer Begegnung mit einer Realität, die sowohl fasziniert als auch Furcht einflößt, haben wir zwei Beispiele aus der jüdisch-christlichen Tradition untersucht. Wenn wir einen Blick auf die Religionsgeschichte werfen, stellen wir fest, dass ähnliche Erfahrungen auch in anderen Kulturen beschrieben werden. Ein besonders eindrückliches Beispiel ist die Theophanie aus der *Bhagavadgita*, einem Klassiker der hinduistischen Spiritualität:

„Als er gesprochen dieses Wort,
Hari, der Herr der höchsten Macht,
Da zeigte er dem Ardschuna
Des hehren Götterleibes Pracht. ...
Wie wenn der Sonnen Tausende
Vereinten ihren Strahlenkranz
Am Firmament, so leuchtete
Des hohen Weltenherrschers Glanz. ...
Bewältigt von Bewunderung,
Von heilgem Schauer übermannt,
Sprach er mit tief geneigtem Haupt
Und flehend vorgestreckter Hand:...
Auf dem Haupte glänzt die Krone,
In der Hand trägst du die Keule,
Unermesslich, schwer zu schauen,
Strahlst du wie des Feuers Säule....
Mond und Sonne sind dir Augen,
Arme reckst du, ungeheuer,

Opferflamme loht, vom Mund dir,
Sengt das All mit ihrem Feuer.
Erd und Himmel, Ost und Westen
Wird von dir allein umhüllet,
Und das All, das Wunder schauend,
Wird von banger Furcht erfüllet."[7]

Dass hier auf Ähnlichkeiten hingewiesen wird, soll nicht still-schweigend unterstellen, dass „alle Religionen gleich sind". Es ist jedoch so, dass wir bei der Herausstellung von Gemein-samkeiten Unterschiede im Detail vorübergehend vernachläs-sigen, auch wenn diesen eine extrem große Bedeutung zu-kommen kann. Entscheidend ist, dass Religion sich nicht auf eine Erfahrung reduzieren lässt. Eine Erfahrung zu machen ist das eine, sie zu verstehen und ganzheitlich in sein Leben zu in-tegrieren etwas anderes. Die Erfahrung an sich ist nur ein Aus-gangspunkt. Letztendlich ist es der Sinn, den wir ihr beimes-sen, der unser spirituelles Leben beeinflusst: ihr Ursprung, ihre Folgen, ihr Zusammenhang mit dem Rest unseres Lebens. Was zählt, ist, welchen Stellenwert eine Realität, die außerhalb des Gewöhnlichen liegt, im Leben der Gesellschaft und des Ein-zelnen einnimmt.

Es ist offensichtlich, dass sich die religiösen Traditionen der Menschheit darin tief unterscheiden, welchen Sinn sie der Er-fahrung des Heiligen geben. Nehmen wir zum Beispiel den Aspekt der Furcht, den wir als grundlegenden Teil der Erfah-rung bereits identifiziert haben. Diese Furcht kann auch als Re-aktion auf eine Macht des Bösen (oder zumindest eine Macht, die nicht wohlgesonnen ist), gedeutet werden, eine Macht, die bereit ist, den Menschen zu zerstören und die daher durch ge-eignete Mittel besänftigt werden muss. In diesem Fall geht das Unbehagen angesichts des Unbekannten eher in die Richtung

---

7 Bhagavadgita, XI, 9,12,14,17,19f. Übersetzt von Robert Boxberger, Stuttgart: Philipp Reclam, 1977, 70f.

einer unterwürfigen Angst. Manche Traditionen legen Wert darauf, den heiligen Ort oder das heilige Objekt zu isolieren; wieder andere streben danach, sich mit ihm zu vereinigen. So können entweder die Furcht oder die Faszination stärker betont werden. Diese und andere Möglichkeiten sind nicht nur theoretisch, wie sich an der großen Vielfalt religiöser Praktiken, die sich in der Geschichte unseres Planeten entwickelt haben, ablesen lässt.

Die Erfahrung des Heiligen ist daher in erster Linie eine nach einer Antwort suchende Frage. In unserem Kontext können wir diese Frage so formulieren: Welchen Sinn misst die Tradition der Bibel dem Heiligen bei? Und wie gewinnt diese Realität immer mehr Klarheit durch die einzigartige Geschichte des Volkes Gottes, die im Alten Testament berichtet wird, und dann durch das Leben Jesu Christi?

Um diese Fragen zu beantworten, gehen wir noch einmal zurück zur Geschichte von Mose und dem brennenden Dornbusch und lesen sie auf eine Weise, in welcher der besondere Charakter der biblischen Heiligkeit deutlich wird. Als Mose beginnt, sich dem Busch zu nähern, heißt es:

„Als der Herr sah, dass Mose näher kam, um sich das anzusehen, rief Gott ihm aus dem Dornbusch zu" (Exodus 3,4a).

Dieses Feuer ist nicht wie andere, es hat eine Stimme. Es ist kein unbelebtes Objekt, sondern ein Subjekt: Es bezeugt eine personale Realität, die wir Gott nennen.

Wenn uns dies offensichtlich oder gar banal erscheint, liegt das daran, dass wir, vielleicht auch unbewusst, von der jüdisch-christlichen Tradition beeinflusst sind. Denn die Menschheitsgeschichte kennt viele andere Möglichkeiten, das Heilige zu definieren. In Traditionen der östlichen Spiritualität ebenso wie in modernen Systemen erscheint das Heilige unpersönlich, als eine Art Energie. Dahinter steht die grundlegende Überzeugung, dass die letzte Realität jenseits einer Person mit all ihren Beschränkungen liege, dass eine personale Existenzform ein Hindernis für wahre Universalität darstelle. Natürlich stimmt es, dass in der Bibel das Heilige ebenfalls dynamisch ist, eine „Energie" oder auch eine Macht, die das Angesicht der Erde verändert. Dass dies in Vergessenheit geraten ist und dass die Heiligkeit auf recht blasse moralische Eigenschaften reduziert wurde, erklärt zu einem großen Teil die Anziehungskraft, die verschiedene „exotische" Formen von Spiritualität auf viele unserer Zeitgenossen ausüben.

Obwohl das Heilige eine alles verändernde Macht ist, stellt es sich in der Bibel weder als anonym noch als blind dar; im Gegenteil, es trägt einen persönlichen Namen.[8] So versteht man den Abscheu, mit der in der Bibel alles betrachtet wird, dem eine magische Weltsicht zugrunde liegt. Ein Magier spielt mit blinden Mächten, er glaubt, er könne sie kontrollieren, wenn er nur die Spielregeln beherrscht. Im biblischen Glauben sind jedoch alle unpersönlichen Erscheinungen nur die äußere Hülle, in denen sich das Antlitz des Heiligen sowohl verbirgt als auch offenbart. Die Heiligkeit ist letztendlich nicht die Eigenschaft des Objekts an sich, sondern Ausdruck einer *Beziehung*. Die Welt stellt sich als „Sakrament" dar, sie ist durchdrungen von einer transzendenten Wirklichkeit.

Hinter der Erfahrung des Heiligen steht also eine personale Realität: ein Gott, der spricht. Sprechen bedeutet, aus sich selbst herauszugehen, um jemand anderem eine Botschaft

---

8 Hier soll nicht diskutiert werden, ob sich das Konzept der Heiligkeit auf die Gottheit selbst bezieht oder ob es die Begegnung der Schöpfung mit dem Göttlichen beschreibt. Vielleicht ist dies auch zum Teil nur eine Frage der Definition: Beschäftigt uns nun die Erfahrung an sich oder die Frage danach, wodurch sie möglich wird? Es sei nur kurz erwähnt, dass die christliche Theologie der östlichen wie der westlichen Kirche unterscheidet zwischen Gott in sich und Gott in Beziehung zur Menschheit. Die östliche Kirche unterscheidet zwischen dem nicht kommunizierbaren *Wesen* Gottes und seiner heiligenden *Energie*. Die westliche Kirche spricht von der *nicht geschaffenen* Gnade (dem Heiligen Geist) und der *geschaffenen* Gnade (den Auswirkungen des Geistes im Leben des Menschen).

oder einen Sinn mitzuteilen. Der Gott der Bibel ist kein mächtiger Herrscher, der abgeschieden in seinem Elfenbeinturm regiert, er ist nicht nur ein Ziel, das man sucht, oder ein Objekt, das man verehrt – Gott ist jemand, der sich aufmacht, um seine Schöpfung aufzusuchen, um sein Leben mit ihr zu teilen.

Wieder sind wir vielleicht schon allzu vertraut mit der Vorstellung von einem Gott, der spricht, sodass wir die volle Bedeutung dessen, was damit ausgesagt wird, nicht erfassen. Wenn wir die Bibel als „Wort Gottes" bezeichnen, denken wir automatisch an ein Buch und an Worte, die auf Papier geschrieben oder gedruckt sind. Das ist aber keineswegs die Hauptsache. Wichtig ist, dass hinter dem aufgeschriebenen Wort das Handeln eines Gottes steht, der spricht, der sich mitteilt. Meist findet diese Kommunikation nicht durch menschliche Worte statt. Heute, genau wie zur Zeit der Bibel, stehen Gott viele Sprachen zur Verfügung. Gott spricht durch Menschen und durch die Ereignisse in unserem Leben; und er spricht zu uns in der Tiefe unseres Herzens, wenn wir beten. Versuchen wir aber, zu verstehen und anderen mitzuteilen, was Gott uns sagt, müssen wir sein Wort in menschliche Sprache übersetzen, sei sie nun beschreibend oder bildhaft. Aber das geschieht meist erst später, in einem zweiten Schritt.

Das Volk Israel wurde sich dieser Eigenschaft seines Gottes schon früh bewusst. Im babylonischen Exil sahen die Anführer der Stämme Israels die beeindruckenden babylonischen Götterstandbilder, sie verspotteten diese, indem sie von ihnen sagten: „Sie haben einen Mund und reden nicht" (Psalm 115,5; 135,16; vgl. Jeremia 10,5). Unser Gott aber, deuteten sie an, mag wohl unsichtbar sein, aber er spricht mit uns.

Diese Besonderheit des Gottes Israel hat schwerwiegende Konsequenzen. Die Stimme des lebendigen Gottes zu vernehmen ist nämlich alles andere als behaglich. Wir haben bereits über den Schrecken des Volkes Israel bei der Theophanie am Berg Sinai gesprochen (vgl. Exodus 20,18f). Im Buch Deuteronomium wird dies noch ausführlicher erklärt:

„Als ihr den Donner mitten aus der Finsternis gehört hattet und der Berg immer noch in Feuer stand, seid ihr zu mir gekommen – eure Stammesführer und Ältesten – und habt gesagt: Sieh, der Herr, unser Gott, hat uns seine Herrlichkeit und Macht gezeigt und wir haben seine donnernde Stimme mitten aus dem Feuer gehört. Heute ist es uns geschehen, dass Gott zu Menschen sprach und sie am Leben blieben. Trotzdem: Warum sollen wir noch einmal das Leben aufs Spiel setzen? Denn dieses große Feuer könnte uns verzehren. Wenn wir noch einmal die donnernde Stimme des Herrn, unseres Gottes, hören, werden wir sterben. Denn welches Wesen aus Fleisch wäre am Leben geblieben, wenn es wie wir die donnernde Stimme des lebendigen Gottes gehört hätte, als er mitten aus dem Feuer redete?" (Deuteronomium 5,23-26).

Um es noch einmal zu wiederholen: Die Israeliten glaubten keineswegs, dass Gott ihnen feindlich gesinnt sei; sie waren sich sehr bewusst, dass er sie aus der Knechtschaft in Ägypten befreit hatte und sie nun in ein Land des Überflusses führte. Dennoch weckt die direkte Begegnung mit dem Heiligen Furcht, sie reißt die Menschen aus ihrer gewohnten Welt und eröffnet ihnen eine unbekannte Welt, die sich ihrer Kontrolle entzieht.

In der Geschichte vom brennenden Dornbusch heißt es nicht, dass Gott mit Mose einfach nur sprach, sondern dass er ihn *rief*. Jemanden rufen bedeutet mehr, als einfach nur mit ihm zu sprechen. Jemand, der ruft, will nicht primär eine Information weitergeben; er will vielmehr den Hörenden einladen, eine Beziehung einzugehen. Wenn der Gott der Bibel mit uns spricht, so deshalb, weil er mit uns in Beziehung treten und einen Dialog mit seinen Geschöpfen beginnen will. Damit geht Gott ein Risiko ein. Derjenige, der ruft, appelliert an die Freiheit desjenigen, den er ruft. Diese Person kann hören oder auch nicht, sie kann die Sprache des anderen verstehen oder auch nicht, und vor allem, sie kann antworten oder auch nicht. Wir sind hier weit entfernt von einem Mechanismus des Zwangs. Der Gott, der spricht, oder besser noch, der ruft, ist das Gegenteil einer Gottheit, die ihre Subjekte manipuliert wie ein Puppenspieler, der die Fäden einer Marionette zieht. Der Gott, der ruft, zeigt gerade durch seinen Ruf, dass er sich Menschen wünscht, die verständig und frei auf diesen Ruf antworten.

Aus diesem Blickwinkel betrachtet, bietet die Geschichte vom brennenden Dornbusch eine Kurzfassung der gesamten biblischen Geschichte. Von Anfang an wollte Gott, dass die Menschen, die er geschaffen hatte, auf seinen Ruf hörten (vgl. Genesis 3,9). Gott sucht Wesen, die seine Stimme erkennen. Weil Gott nicht aufhört zu sprechen, werden Menschen zu Hörenden, die seine Sprache verstehen und darauf antworten. Wir können dies mit der menschlichen Entwicklung vergleichen. Ein Neugeborenes kann nicht sofort die Worte verstehen, die Erwachsene ihm sagen. Dennoch hält das die Menschen nicht davon ab, mit Säuglingen zu reden und sie bei ihrem Namen zu rufen. Gerade weil wir mit ihnen kommunizieren, wird es eines Tages möglich, dass sie uns verstehen und uns antworten. Die Begegnung mit der Sprache weckt beim Hörenden die Fähigkeit zu sprechen. Gott handelt mit uns ganz ähnlich: Mit unendlicher Geduld spricht er durch alle Zeitalter hindurch mit uns. Und schließlich erscheint auf der Welt jemand wie der Jünger, den der Prophet Jesaja beschreibt:

„Gott, der Herr, gab mir die Zunge eines Jüngers,
damit ich verstehe,
die Müden zu stärken
durch ein aufmunterndes Wort.
Jeden Morgen weckt er mein Ohr,
damit ich auf ihn höre wie ein Jünger.
Gott, der Herr, hat mir das Ohr geöffnet.
Ich aber wehrte mich nicht und wich nicht zurück."
(Jesaja 50,4f)

Gottes Wirken zeichnet sich dadurch aus, dass es das Ohr seines Gegenübers „weckt". Und weil der Jünger gelernt hat, auf diese Weise zu hören, kann er den Menschen, die ihn umgeben, Gottes Namen mitteilen; er kann Gottes Sprache in menschliche Worte übersetzen. So kann das Wort Gottes vom Himmel herabkommen und seinen Platz in der Menschheitsgeschichte einnehmen. Wir können noch weiter gehen und sagen, dass das erste Wort, das Gott an uns richtet, schon viel früher gesprochen wurde; es ist gleichbedeutend mit dem Akt der Schöpfung, durch den Gott uns erschaffen hat. Das erste Kapitel des Buches Genesis stellt ein atemberaubendes Konzept vor; wenn man sich einmal Zeit nimmt, darüber nachzudenken, wird uns aufgehen: Gott schafft das Universum durch einen Akt des Sprechens. Das allererste Wort, das Gott zu uns spricht, ist ein Wort, mit dem er uns „ins Dasein ruft" (Römer 4,17). Wenn wir das in menschliche Worte übersetzen wollten, könnten wir sagen, dass Gott, als er uns schuf, zu jedem von uns sprach: „Ich will, dass du existierst. Ich entscheide mich für dich. Ich liebe dich."

Das Konzept eines Schöpfergottes bedeutet, dass allein die Tatsache unserer Existenz eine unerwartete Tiefe birgt. Sie ist der Anfang eines Dialogs, der Ausdruck eines inneren Gespürs, das sich in einer Beziehung offenbart.

ZUM NACHDENKEN

Lies Exodus 3,1-15:
Was erfahren wir in dieser Passage über Gott?
Welche unterschiedlichen Antworten gibt Mose Gott?
Wo finde ich mich in Mose wieder?

Beim Namen gerufen

In der Bibel führt die Begegnung mit der einzigartigen Wirklichkeit, die wir „das Heilige" nennen, zu der Entdeckung eines persönlichen Gottes, eines Gottes, der spricht. Dieser Gott ruft den Menschen, um einen Dialog mit ihm zu beginnen und eine gegenseitige Beziehung einzugehen. Der Text aus Exodus 3,4 zeigt aber noch ein weiteres Detail auf: „Gott rief ihm aus dem Dornbusch zu: ,Mose, Mose!'" Mitten aus dem Feuer ruft Gott Mose bei seinem Namen.

In der heutigen Welt spielen Namen keine so wichtige Rolle mehr. Wenn ein Kind geboren wird, denken die Eltern natürlich über die Frage nach: Sollen wir das Kind nach seiner Großmutter benennen, nach einem Filmstar, oder suchen wir einfach einen Namen, der uns gefällt? Im Allgemeinen hat das jedoch keine grundlegende Bedeutung mehr. Der Name, den wir tragen, wird als willkürlich betrachtet; mit der Person ist er nur äußerlich verbunden.

In traditionellen Kulturen, einschließlich der Kultur der Bibel, ist das ganz anders. Hier sind Namen außerordentlich wichtig. Nie sind sie einfach nur ein Wort oder eine Bezeichnung, sondern stets ein wesentlicher Bestandteil der Sache oder Person, die sie benennen. In solchen Kulturen ist es daher nicht üblich, jemandem einfach seinen Namen mitzuteilen. Oft benutzen Menschen verschiedene Namen, je nachdem wie eng die Beziehung ist. Der persönlichste Name wird dabei nur von denen verwendet, mit denen man aufs Engste verbunden ist. Seinen Namen zu erkennen geben bedeutet, einen Teil seines Selbst preiszugeben; es macht verletzlich.

In einer traditionellen Kultur ist der Name die Offenbarung dessen, was die Sache oder Person in Wahrheit *ist*. Um es modern auszudrücken, können wir sagen, dass der Name eines Wesens dessen *Identität* bezeugt. Gleichzeitig steht der Name für eine Beziehung – wir geben uns nicht selbst einen Namen; meist wird er von anderen benutzt, um uns zu rufen. Hier tritt ein Thema zutage, das wir im Lauf dieser Arbeit weiter vertiefen werden: die Verbindung zwischen der persönlichen Identität und den Beziehungen mit anderen.

Wenn in der Welt der Bibel Namen so wichtig sind, gilt dies umso mehr, wenn ein Name von Gott oder einem göttlichen Boten verliehen wird. Gott, der unser Schöpfer ist und uns daher besser kennt als wir uns selbst (vgl. Psalm 139), gibt uns einen Namen, der das widerspiegelt, was wir in unserem tiefsten Wesen sind. Er drückt unsere wahre Identität aus. Und er stellt diese Identität in ihren Zusammenhang mit Gottes großem Plan. Der Name, den Gott gibt, deutet an, für welches Vorhaben er einen Menschen ruft, welche Lebensaufgabe er hat.

Im ersten Kapitel des Lukasevangeliums kündigt Gott durch einen Boten die Geburt von zwei Kindern an. Beide Male folgt der Ankündigung die Verleihung eines Namens:

„Der Engel aber sagte zu ihm: Fürchte dich nicht, Zacharias! Dein Gebet ist erhört worden. Deine Frau Elisabet wird dir einen Sohn gebären; dem sollst du den Namen Johannes geben. …
Der Engel sagte zu ihr: Fürchte dich nicht, Maria; denn du hast bei Gott Gnade gefunden. Du wirst ein Kind empfangen, einen Sohn wirst du gebären; dem sollst du den Namen Jesus geben" (Lukas 1,13.30f).

Das Ereignis der Geburt ist nicht vollständig, bis ein Name offenbart und gegeben wird, damit das neugeborene Kind seinen Platz in der Menschenwelt findet, in der Gott gegenwärtig ist und handelt: *Johanan* (Johannes) bedeutet: „der Herr zeigt seine Gnade" und *Jeschua* (Jesus): „der Herr rettet". In der Parallelstelle im Matthäusevangelium erklärt der Engel Josef die Bedeutung des Namens *Jesus*: „Er wird sein Volk von seinen Sünden erlösen" (Matthäus 1,21).

In der Bibel kommt es häufig vor, dass Gott nicht einem neugeborenen Kind einen Namen gibt, sondern einem erwachsenen Menschen. Die Verleihung des Namens folgt meist auf eine Begegnung mit dem Herrn, die dem Menschen eine neue Ausrichtung und eine neue Bedeutung gibt; sie führt zu einer Art Neuanfang, durch den ein Mensch ausgesandt wird. Der neue Name bestätigt diese Aufgabe und drückt die ganz eigene, von Gott gegebene Identität aus. So wird zum Beispiel aus Abram, nachdem Gott mit ihm einen Bund geschlossen hat, Abraham, „Vater der Menge von Völkern" (Genesis 17,4f). Der Patriarch Jakob machte in einem kritischen Moment seines Lebens eine recht ungewöhnliche Erfahrung mit dem heiligen Gott. Er begegnete Gott nicht im Feuer oder in einem Sturm, sondern in einem nächtlichen Kampf mit einem geheimnisvollen Fremden. Nachdem er die Nacht damit verbracht hatte, mit dem unbekannten Reisenden zu ringen, heißt es:

„Jener fragte: Wie heißt du? Jakob, antwortete er. Da sprach der Mann: Nicht mehr Jakob wird man dich nennen, sondern Israel (Gottesstreiter); denn mit Gott und Menschen hast du gestritten und hast gewonnen" (Genesis 32,28f).

Diese geheimnisvolle Begegnung kennzeichnet den Patriarchen für den Rest seines Lebens und verleiht ihm eine neue Identität. Als Jakob aber den Namen seines Gegners wissen will, erhält er keine klare Antwort. Dennoch hat er verstanden: „Ich habe Gott von Angesicht zu Angesicht gesehen ..." (Genesis 32,31). Sein neuer Name, Israel, hat dieses Geheimnis indirekt bereits angedeutet, denn er birgt in sich den göttlichen Namen „El". Dennoch sucht Jakob eine größere Gewissheit, genau wie unzählige andere Menschen, die, durch die Jahrhunderte hindurch, mit dem beunruhigenden Mysterium des Lebens konfrontiert wurden. Jakob erlangte jedoch keine Gewissheit. Es gibt nur eine Weise, um Gott zu „besitzen": Man muss sich gemeinsam mit ihm auf den Weg machen (vgl. Genesis 28,15).

In der Bibel drückt ein von Gott verliehener neuer Name auch eine Zukunftshoffnung aus. Ein anonymer Prophet, der kurz nach dem babylonischen Exil predigte, sagte über die Hoffnung auf den zukünftigen Wiederaufbau Jerusalems:

> „Dann sehen die Völker deine Gerechtigkeit und alle Könige deine strahlende Pracht. Man ruft dich mit einem neuen Namen, den der Mund des Herrn für dich bestimmt. … Man nennt dich ‚Meine Wonne‘ und dein Land ‚Die Vermählte‘" (Jesaja 62,2.4).

An jenem Tag wird sich die wahre Identität des treuen Volkes offenbaren, die vor allem in der Beziehung zu Gott, seinem Herrn, bestehen wird. Das letzte Buch der Bibel bezieht sich auf eben diese Prophezeiung und erklärt sie für allgemeingültig:

> „Wer siegt, dem werde ich … einen weißen Stein geben, und auf dem Stein steht ein neuer Name, den nur der kennt, der ihn empfängt" (Offenbarung 2,17).

Alle, die Gott bis zum Ende treu bleiben (das ist in der Offenbarung mit dem Wort „siegen" gemeint, vgl. Offenbarung 2,26), werden in dieser Beziehung ihre wahre Identität finden.

Wenn Mose mitten aus dem Feuer der göttlichen Heiligkeit bei seinem Namen gerufen wird (vgl. Exodus 3,4), bedeutet dies, dass jeder, der sich auf eine Beziehung mit dem heiligen Gott einlässt, sich auf einen Weg begibt, auf dem er nach und nach sein wahres Gesicht erkennt und vollkommen zu sich selbst findet.

Denken wir einmal darüber nach, wie sehr sich dieser Standpunkt oft von unserem eigenen unterscheidet. Heutzutage geht man im Allgemein davon aus, man müsse erst zu sich selbst finden und sich selbst verwirklichen, bevor man in eine Beziehung mit anderen oder mit Gott eintreten kann. In der Bibel wird dieser Gedanke auf den Kopf gestellt: Sie sagt, dass wir nur in der Beziehung mit anderen ganz wir selbst werden können. Das Prinzip des Individualismus wird ausgehöhlt und das Fundament zur Gemeinschaft gelegt.

Als Gott aus dem brennenden Dornbusch zu Mose spricht, ruft er ihn nicht nur bei seinem Namen, sondern er offenbart ihm auch den göttlichen Namen. Gott geht hier einen Schritt weiter als in der nächtlichen Begegnung mit Jakob. In menschlichen Kategorien ausgedrückt, könnte man sagen, dass Gott ein Risiko eingeht. Er weiß, dass es ohne Gegenseitigkeit und ohne die Gefahr, einander zu verletzen, keine authentische Beziehung geben kann.

Wenn wir genau hinschauen, entdecken wir, dass Gott in dieser Geschichte zwei verschiedene Namen offenbart. Den hauptsächlichen Namen erhält Mose als Antwort auf seine Bitte, die er äußerte, nachdem Gott ihm aufgetragen hatte, zum Pharao zu gehen und für sein Volk Freiheit zu verlangen. Mose, der sich seiner Grenzen bewusst ist, zögert und bittet um eine Art Garantie, einen göttlichen Namen, hinter dem er sich verstecken und dessen Macht er gebrauchen kann. Obwohl Gott diese Bitte erhört, ist die Antwort nicht das, was Mose sich vorgestellt hatte. Der Name aller Namen, den er Mose mitteilt (*ehjeh ascher ehjeh*, Exodus 3,14), ist extrem schwierig zu übersetzen und zu interpretieren – aber das ist mit Sicherheit Teil seiner Bedeutung! Ein gewöhnlicher Name grenzt ein Wesen ab, beschreibt seine Grenzen und platziert es in einer bestimmten Kategorie, indem er sagt: „Ich bin dies" oder „Ich bin das". Der Name, der Mose offenbart wird, macht klar, dass Gott jenseits aller menschlichen Kategorien steht. Das ist sein Geheimnis: Gott ist derjenige, der uns aus dem Gefängnis unserer allzu menschlichen Routine und Begrenztheit herausruft.

Der Name „Ich bin, der ich bin" (oder: „Ich bin der, der ist" oder „Ich werde sein, der ich sein werde" ...) betont die souveräne Freiheit Gottes, der sich nicht manipulieren lässt und sich nicht zur Requisite einer Weltanschauung machen lässt. Gottes Name weist auch auf seine barmherzige Verbundenheit mit dem Menschen hin; im Hebräischen hat das Verb „sein" immer eine Konnotation von gegenwärtig und aktiv sein (vgl. V. 12: „Ich bin" mit dir). Gott offenbart sich als derjenige, der den Menschen in ihrer Not unbegreiflich nah ist, über den sie aber niemals verfügen können. Mit einem Wort: Dieser Name zeigt Gott als den Heiligen.

Die Tatsache, dass der Gott der Bibel jenseits der Grenzen unserer Welt ist, besagt auch, dass nur Gott in der Lage ist, mit dem ganzen Menschen in Beziehung zu treten. In der Welt der Antike glaubte man an eine Vielzahl von Göttern: den Kriegsgott, den Friedensgott, die Hausgötter und andere mehr. Die Menschen riefen diese Götter an, um sich mit Nöten an sie zu wenden, die einen bestimmten Teil ihres Lebens betrafen. Die Welt der Antike tat sich schwer, das Heilige als Einheit zu sehen. Es gab die starke Tendenz, jede Erscheinung des Heiligen als einzigartig zu betrachten, ohne innere Beziehung zu einer anderen. Dieser Glaube führte dazu, dass die Menschen der traditionellen Gesellschaften vom Geist jenes Baumes sprachen, vom Gott dieses Berges oder von den Schutzgöttern jener Nation. Daraus entwickelte sich mit der Zeit eine ganze Mythologie, um die Beziehungen der verschiedenen Götter zu erklären – ihre Hierarchie, ihre Bündnisse, ihre Gegenspieler. Die Vielfalt wurde als selbstverständlich akzeptiert, aber es war schwierig, die Einheit zu sehen.

In der Bibel finden wir nichts dergleichen. Der Gott, der mit Mose eine Beziehung eingeht, ist der Gott jenseits all dieser Teilbereiche; er spricht zum Menschen als einem „Ort" ohne Gespaltenheit seines Wesens. Die Beziehung mit diesem Gott macht die Einheit der Persönlichkeit erst möglich. Weil Gottes Reich alles umfasst, was existiert, ist es möglich, ein Ja zu sagen, mit dem man sein ganzes Wesen verbindlich verpflichtet, ohne ihm Gewalt anzutun. Die Vielfalt allen Seins wird so in den Dienst einer allumfassenden Einheit gestellt.

Die Bibel benutzt einen ganz bestimmten Begriff, um vom menschlichen Wesen als Ganzem zu sprechen: *Herz*. In der Bibel bedeutet *Herz* nicht einen Teil des Menschen, zum Beispiel seine Gefühle; ausgehend von seinem tiefsten Innern, steht der Ausdruck für den *ganzen* Menschen. Wenn wir sagen, dass der Gott der Bibel derjenige ist, der zu unserem Herzen spricht, bekräftigen wir damit, dass der Mensch in der Beziehung mit Gott zu seiner wahren Einheit findet. In der Antwort auf Gottes Ruf findet der Mensch nach und nach die Ganzheit seines Lebens. Langsam, aber sicher wird er fähig, den Herrn mit ganzem Herzen, ganzer Seele und all seiner Kraft zu lieben (vgl. Deuteronomium 6,5).

Gott offenbart Mose aber noch einen zweiten Namen, mit dem er diese Sichtweise bestätigt und vervollständigt: „Ich bin der Gott deines Vaters, der Gott Abrahams, der Gott Isaaks und der Gott Jakobs" (Exodus 3,6.15). In der fernen Vergangenheit hatte jeder dieser großen Vorfahren des Volkes eine Erfahrung des Heiligen gemacht und sie dann mit einem bestimmten Namen ausgedrückt[9], jetzt erfährt Mose, dass hinter jeder dieser Erfahrungen dieselbe personale Wirklichkeit steht, derselbe Gott, dem er heute selbst begegnet. In dieser Realität, die alle individuellen Erfahrungen übersteigt und zur Einheit führt, wird auch die historische Kontinuität möglich. Die Existenz des einen Gottes begründet ein Verständnis von Geschichte, die als sinnvoll und bedeutungsvoll und nicht als zufällige Abfolge von Ereignissen erfahren wird.

---

9   Gott wurde auch Gott des Berges oder der Allmächtige (*El Shaddai*, Genesis 17,1) genannt, der Ewige Gott (Genesis 21,33), der Gott, der mich sieht (*El Roi*, Genesis 16,13), der Schrecken Isaaks (Genesis 31,42.53) oder der Mächtige Jakobs (Genesis 49,24). Wahrscheinlich war in vorbiblischer Zeit den Vorfahren des Volkes Israel die Einheit all dieser Erscheinungen nicht selbstverständlich. In der Bibel finden sich nur noch Spuren dieser ursprünglichen Vielfalt.

Um diese historische Kontinuität zu beschreiben, spricht die Bibel von *Treue*. Der Gott der Bibel ist ein treuer Gott, er ist immer da für die, die ihm nachfolgen. Ohne diese Treue ist keine wahre Beziehung möglich. Das ist auch eine menschliche Erfahrung: Wenn ich weiß, dass die Gefühle eines Menschen für mich sich nicht von einem Tag auf den anderen verändern, dann weiß ich auch, dass ich auf dem festen Boden stehe, auf dem eine dauerhafte Beziehung gründen kann. Erst aus Treue kann Vertrauen entstehen, die Basis jeder authentischen Beziehung.

So erschließen sich in den beiden Namen, die Gott Mose offenbart, die unverzichtbaren Grundlagen der Beziehung, die Gott mit dem Menschen eingehen möchte. Es ist kein Zufall, dass sie im letzten Buch der Bibel, der Offenbarung, vereint in einem Ausdruck wieder auftauchen: „Er, der ist und der war und der kommt" (Offenbarung 1,4). Dieser Gott, der über jeder weltlichen Existenz steht, ist im wahrsten Sinne des Wortes unfassbar. Er muss selbst die Initiative ergreifen, um sein Wesen und seine Einheit zu offenbaren.

Wenn der Mensch Gottes Namen empfangen kann, bedeutet dies, dass es in ihm etwas gibt, das in der Lage ist, diese Offenbarung anzunehmen. Der Mensch ist fähig, über das rein Materielle, die Fragmentierung und die mehr oder weniger erfolgreichen Versuche der Selbsterklärung hinauszuwachsen. Die Bibel sagt, der Mensch ist geschaffen als Abbild des unbegreiflichen Gottes (vgl. Genesis 1,26).

ZUM NACHDENKEN

Lies 1 Samuel 3,1-10. Durch welche Menschen, Ereignisse und Erfahrungen ruft Gott mich? Was hält mich davon ab, seinen Ruf zu hören? Was kann ich tun, um ihn deutlicher zu hören? Gab es einen Eli in meinem Leben? Wie kann ich für andere ein Eli sein? Wie helfen uns Kinder dabei, Gott zu finden?

Hier bin ich!

Die gesamte biblische Geschichte wird von einer großen Überzeugung getragen, die sie von vielen anderen spirituellen Wegen unterscheidet: In der Bibel ist allein Gott heilig (vgl. Offenbarung 15,4; 1 Samuel 2,2). Alle Erfahrungen des Heiligen, so unterschiedlich sie sein können, sind nicht voneinander losgelöst, sondern bezeugen ein und dieselbe Wirklichkeit. Und diese Wirklichkeit trägt einen Namen; sie ist ein „Jemand", mit dem eine Beziehung in innerlicher Gegenseitigkeit möglich ist. In der Geschichte vom brennenden Dornbusch ruft die Stimme aus dem Herzen des Feuers den Menschen, sie beginnt einen Dialog. Der Sprecher offenbart seinen Namen, er teilt sein Leben mit seinem Gegenüber und ermöglicht es diesem, zu seiner eigenen Identität, zu seinem wahren Namen zu finden.

Schauen wir uns noch einmal die Worte an, die auf Gottes Ruf folgen:

„Gott [rief] ihm aus dem Dornbusch zu: Mose, Mose!
Er antwortete: Hier bin ich" (Exodus 3,4; vgl. Jesaja 6,8).

Mose antwortete: „Hier bin ich!" Gottes Initiative ist erst dann vollendet, wenn der Gerufene antwortet. Wir wollen uns nun damit beschäftigen, was genau mit der „Antwort" gemeint ist. In der materiellen Welt sind die Dinge miteinander verknüpft, deshalb haben die Taten bestimmte *Folgen*. Wenn in einem Behälter Wasserstoff und Sauerstoff in einem bestimmten Verhältnis gemischt werden und dann ein Funke geschlagen wird, erfolgt eine Explosion, die weitere Folgen nach sich zieht. Der menschliche Verstand erkennt in der Welt die Verkettung von Ursache und Wirkung.

Im Bereich des Organischen können wir von *Reflexen* oder *Reaktionen* sprechen. Der Organismus selbst bestimmt zum Teil die Folgen einer Aktion, in die er verwickelt ist. So wenden sich die Blätter einer Pflanze dem Licht der Sonne zu, die am Himmel wandert. Und wenn der Haushund um sechs Uhr das Geräusch des Schlüssels hört, fängt er an, in freudiger Erwartung zu jaulen und zu zittern, weil er gestreichelt und Spazieren geführt werden wird.

Für uns Menschen, die wir auch materielle, organische Geschöpfe sind, spielen Reflexe, Reaktionen und Folgen aus Taten eine große Rolle. Aber der Mensch hat auch die Fähigkeit, auf einer anderen Ebene aktiv zu werden, und zwar indem er eine *Antwort* gibt. Eine Antwort ist etwas Persönliches und geht daher über den Zusammenhang von Ursache und Wirkung hinaus; sie ist auch etwas anderes als eine Reaktion. Wer antwortet, nimmt sein Leben selbst in die Hand, er ist nicht mehr ein Spielball äußerer oder innerer Zwänge, sondern unternimmt einen bewussten, freien Schritt, der aus dem persönlichsten und innersten Teil des Wesens hervorgeht. Mit anderen Worten: Er gestaltet sein Leben und wird *verantwortlich*. Es ist kein Zufall, dass in den meisten Sprachen die Worte „Antwort" und „Verantwortung" die gleiche semantische Wurzel haben.

Schon aus ihrer Definition heraus kann eine Antwort nie erzwungen werden. Derjenige, der sich entscheidet zu lieben, riskiert viel: Er bindet sich an das Herz und die Worte des anderen. Das ist Gottes „Dilemma": Gott braucht unsere Antwort, um seinen Plan für seine Schöpfung zu erfüllen, er kann weder für uns antworten, noch kann er uns zur Antwort zwingen. Gott kann nur eines tun: weiter nach Wegen suchen, wie er zum Herzen des Menschen sprechen kann, uns auf vielerlei Weise rufen, bis er die erhoffte Antwort erhält.

So überraschend es klingen mag, der Mensch ist anscheinend nicht so geschaffen, dass er spontan antwortet, wenn er den göttlichen Ruf hört. Viel eher sucht er *Ausreden*, um Gott nicht hören zu müssen; er läuft vor der Entscheidung davon und möchte bei sich selber bleiben. Er zieht die Sicherheit seiner Gewohnheiten der Unsicherheit eines Aufbruchs ins Unbekannte vor. Diese Tendenz, die wir sicher aus unserem eigenen Leben kennen, kommt auch in der Bibel immer wieder vor. Die Erfahrung des Mose spricht Bände.

Die Worte „Hier bin ich", die Mose zunächst spricht, drücken eher eine oberflächliche Gutmütigkeit als eine wohlüberlegte Entscheidung aus. Als der Herr ihn beim Wort nimmt und ihn zum König von Ägypten schickt, um für das Volk Israel die Freilassung zu verlangen, beginnt er sofort zu zaudern: „Wer bin ich, dass ich zum Pharao gehen könnte …?" – „Ich bin mit dir", antwortet Gott (Exodus 3,11f). Wenn Gott einen Menschen aussendet, geht er immer selbst mit. Aber, so überlegt Mose weiter, man wird mich fragen, in wessen Auftrag ich komme. Also offenbart ihm Gott seinen Namen (vgl. Exodus 3,13-15). Dann lesen wir: „Was aber, wenn sie mir nicht glauben und nicht auf mich hören, sondern sagen: ‚Jahwe ist dir nicht erschienen'?" (Exodus 4,1). Gott gibt ihm zwei Zeichen, die er zu seiner Legitimation vorbringen kann; aber Mose lässt sich nicht so leicht von seiner Weigerung abbringen: „Aber bitte, Herr, ich bin keiner, der gut reden kann … Mein Mund und meine Zunge sind nämlich schwerfällig" (Exodus 4,10). Um diesen Einwand zu entkräften, schlägt Gott vor, Mose soll seinen Bruder Aaron als Sprecher mitnehmen.

Hier wird die menschliche Reaktion auf den Ruf Gottes deutlich aufgezeigt. Gott spricht, und sein Gegenüber versucht ständig, neue Bedenken zwischen sich und das Wort zu schieben, um es nicht ernstnehmen und um nicht die Verantwortung dafür übernehmen zu müssen. Auch der Prophet Jeremia wird später so reagieren, als der Ruf Gottes an ihn ergeht: „Ach, mein Gott und Herr, ich kann doch nicht reden, ich bin ja noch so jung" (Jeremia 1,6).

Nun kann Gott nur noch eines tun: mit unendlicher Geduld versuchen, die Einwände zu entkräften, einen nach dem anderen, und den Gerufenen mit seiner Verantwortung zu konfrontieren.

Wenn ein Mann oder eine Frau ihre Ausreden aber hinter sich lassen und auf den göttlichen Ruf antworten, wenn sie sich also auf eine Beziehung mit Gott einlassen, dann werden sie in eine Bewegung mit hineingenommen, von der Gott selbst ergriffen ist. Gott sagte zu Mose:

„Ich habe das Elend meines Volkes in Ägypten gesehen und ihre laute Klage über ihre Antreiber habe ich gehört. Ich kenne ihr Leid. Ich bin herabgestiegen, um sie der Hand der Ägypter zu entreißen …Und jetzt geh! Ich sende dich zum Pharao. Führe mein Volk, die Israeliten, aus Ägypten heraus!" (Exodus 3,7-8a.10).

Diese Worte zeigen eine sehr wichtige Eigenschaft des biblischen Begriffs der Heiligkeit auf. Wir haben bereits festgestellt, dass es in der religiösen Kultur des Menschen die Tendenz gibt, die Erscheinungen des Heiligen abzugrenzen, zu isolieren; die Manifestation des Heiligen wird zu etwas Abgetrenntem, etwas Abgesondertem. *In der Bibel zeigt sich das Heilige jedoch immer unmissverständlicher nicht als Bewegung der Absonderung, sondern vielmehr als ein „Zugehen auf etwas".* Gottes Heiligkeit führt Mose dazu, aus sich heraus und auf die Menschen zuzugehen. Es geht also um einen Prozess der Kommunikation.

Der heilige Gott ist vor allem der Gott, der das Leiden seines Volkes kennt und herabsteigt, um es zu befreien und ihm ein besseres Leben zu ermöglichen. Die Geschichte vom brennenden Dornbusch zeigt uns, dass Gott seine Heiligkeit offenbart, indem er den Menschen aus seinem Alltag herausführen und ihm begegnen will. Damit ist die Geschichte aber noch nicht zu Ende. Denn Gott ruft dazu auf, sich auf ein Abenteuer einzulassen. Die Beziehung zu Gott ist keine Gemeinschaft der gegenseitigen Bewunderung, kein „Egoismus zu zweit". Die

Beziehung zu Gott führt dazu, ausgesandt zu werden und auf andere zuzugehen.

Auch dem Propheten Jesaja wurde seine Unzulänglichkeit bewusst, als er dem Heiligen begegnete. Doch Gott nahm sich seiner an. Er schickte einen Diener zu Jesaja, um mit einer glühenden Kohle vom Altar seine Lippen zu berühren (vgl. Jesaja 6,6f). Das ist ein ausdrucksvolles Symbol dafür, wie das Feuer der Heiligkeit Gottes den sündigen Menschen reinigt. Jesaja empfing so Vergebung und war nun fähig, in den Gesang des himmlischen Chors einzustimmen. Er konnte den Auftrag annehmen und in Gottes Namen zum Volk sprechen (vgl. Jesaja 6,8-10).

Dem Propheten Ezechiel offenbarte Gott „die Heiligkeit seines großen Namens". Er „erweist sich als heilig" (Ezechiel 36,23), nicht indem er sich zurückzieht, sondern durch sein Wirken mitten in der Geschichte der Menschen:

„Ich hole euch heraus aus den Völkern, ich sammle euch aus allen Ländern und bringe euch in euer Land. Ich gieße reines Wasser über euch aus, dann werdet ihr rein. Ich reinige euch von aller Unreinheit und von allen euren Götzen. Ich schenke euch ein neues Herz und lege einen neuen Geist in euch. Ich nehme das Herz von Stein aus eurer Brust und gebe euch ein Herz von Fleisch. Ich lege meinen Geist in euch" (Ezechiel 36,24-27a).

Hier zeigt sich Gott als der Heilige vor allem darin, dass er seinem Volk vergibt und es von innen heraus erneuert. An anderen Stellen findet die Heiligkeit weitere Ausdrucksformen: in der Weigerung zu strafen und eine Beziehung zu brechen (vgl. Hosea 11,7-9), in Taten der Gerechtigkeit (vgl. Jesaja 5,16) oder in zärtlicher Sorge um die, die gedemütigt und verwundet sind (vgl. Jesaja 57,15). Hier begegnen wir einem der großen Paradoxe der biblischen Offenbarung: Die Heiligkeit, die an sich die Andersartigkeit Gottes beschreibt („Meine Gedanken sind nicht eure Gedanken, und eure Wege sind nicht meine Wege", Jesaja 55,8f), zeigt sich immer deutlicher als Sehnsucht nach einer Begegnung. Sie ist die Bewegung, mit der Gott aus sich selbst herausgeht, um zum Menschen zu sprechen und ihn zur Gemeinschaft zu rufen (vgl. Jesaja 55,6f.10f).

ZUM NACHDENKEN

1. Lies Jeremia 20,7-11 und Lukas 5,1-11. Was lernen wir aus den Erfahrungen von Jeremia und Simon Petrus über die Heiligkeit?

2. Was ist gemäß Exodus 3,1-15 Gottes Antwort an Menschen, die an ihren eigenen Fähigkeiten zweifeln?

3. Auf welche Weise bin ich versucht, einen Gott nach meinem Bilde zu schaffen, entweder um an diesen Gott zu glauben oder um ihn zu verwerfen? Was kann uns helfen, uns daran zu erinnern, dass Gott immer jenseits jeder Vorstellung ist, die wir uns von ihm machen können?

4. Zu welchen bedürftigen Menschen, deren Würde verletzt wurde, schickt Gott mich? Kann ich durch die Art, wie ich lebe, das Antlitz Gottes zeigen, der einen Weg zum Leben und zur Freiheit öffnet?

Die Spielregeln der Heiligkeit

Die Heiligkeit des biblischen Gottes ist keine Bewegung des Rückzugs oder der Abgrenzung; sie führt vielmehr dazu, dass Gott aus sich selbst herausgeht, um eine Beziehung mit denen zu suchen, die er geschaffen hat. Durch diese Beziehung mit dem ganz Anderen entdeckt der Mensch seine wahre Identität. Mehr noch, die Bibel offenbart uns einen Gott, der seine Heiligkeit den Geschöpfen weitergeben will, denen er begegnet ist und die er befreit hat.

Die Schriften des Alten Testaments sind nicht einfach eine Sammlung von Geschichten einzelner Menschen. Der Gott, von dem alle Texte sprechen, ist nicht nur an jedem einzelnen Geschöpf interessiert, sein persönlicher Ruf findet seine volle Bedeutung einzig im Zusammenhang mit einer Geschichte, die vor allem das schrittweise Entstehen eines Volkes erzählt. Dieses Volk ist das primäre Gegenüber Gottes, der ursprüngliche Träger der göttlichen Heiligkeit.

Dies wird in der großen Theophanie auf dem Berg Sinai deutlich (vgl. Exodus 19-20). Nachdem der Herr die Majestät seiner Heiligkeit in Wolke, Feuer und Sturm vor Mose und denen, die mit ihm aus Ägypten ausgezogen waren, offenbart hatte, lesen wir:

„Mose stieg zu Gott hinauf. Da rief ihm der Herr vom Berg her zu: Das sollst du dem Haus Jakob sagen und den Israeliten verkünden: Ihr habt gesehen, was ich den Ägyptern angetan habe, wie ich euch auf Adlerflügeln getragen und hierher zu mir gebracht habe. Jetzt aber, wenn ihr auf meine Stimme hört und meinen Bund haltet, werdet ihr unter allen Völkern mein besonderes Eigentum sein. Mir gehört die ganze Erde, ihr aber sollt mir als ein Reich von Priestern und als ein heiliges Volk gehören. Das sind die Worte, die du den Israeliten mitteilen sollst.

Mose ging und rief die Ältesten des Volkes zusammen. Er legte ihnen alles vor, was der Herr ihm aufgetragen hatte. Das ganze Volk antwortete einstimmig und erklärte: Alles, was der Herr gesagt hat, wollen wir tun. Mose überbrachte dem Herrn die Antwort des Volkes" (Exodus 19,3-8).

Der heilige Gott formt aus der Menge ehemaliger Sklaven ein Volk, *sein* Volk. Um auszudrücken, dass Gott diese Sklaven an die Hand genommen und so einen neuen Spieler auf die Bühne der Weltgeschichte gesetzt hat, spricht die Bibel von einem *Bund*, den Gott mit seinem Volk geschlossen hat. Aber es geht noch weiter. Dieser Bund macht Israel zu einem „Reich von Priestern und einem heiligen Volk" (V. 6). Hier stoßen wir auf etwas Einzigartiges für die damalige Welt: Heiligkeit beschreibt nicht einen Ort oder ein Objekt, sondern ein Volk. Die Existenz dieses von Gott gebildeten Volkes wird von nun an Zeichen der Gegenwart Gottes mitten in der Menschheitsgeschichte sein. Es ist die Berufung Israels, ein „brennender Dornbusch" zu sein, durch den alle Bewohner des Erdkreises die Heiligkeit seines Gottes erkennen können.

Die Geschichte des Bundes am Sinai macht zusätzlich deutlich, dass dieses Volk nicht deshalb heilig und ein Zeuge der göttlichen Heiligkeit wurde, weil es vorher etwas unternommen hätte, um diese Auszeichnung zu verdienen, sondern einzig und allein deshalb, weil Gott es als sein „besonderes Eigentum" (V. 5) auserwählt hat. Diese Erwählung ist vollkommen unverdient; die Bibel spricht ausdrücklich davon, dass Israel in keiner Weise Gottes besondere Aufmerksamkeit verdient hätte (vgl. Deuteronomium 7,7f). Gleichzeitig hat die Berufung Israels aber auch nichts Automatisches oder Magisches. Der Herr sprach zur Menge: „Wenn ihr auf meine Stimme hört und meinen Bund haltet ...", und das Volk antwortete: „Alles, was der

Herr gesagt hat, wollen wir tun" (VV. 5.8; vgl. Josua 24). Das Volk wird gefragt, ob es in freiem Entschluss diese Beziehung, die Gott anbietet, eingehen möchte, denn der Gott der Bibel legt keinen Wert auf kriechende Sklaven.

Israel ist also nur deshalb ein heiliges Volk, weil es eine Beziehung mit dem einen Gott eingegangen ist, der allein heilig ist. Doch diese Tatsache hat Folgen für die Art und Weise, wie das Volk tagtäglich lebt. Israel ist dazu berufen, so zu leben, dass sein Alltag seine Identität als Gottes eigenes Volk widerspiegelt:

„Der Herr lässt dich erstehen als das Volk, das ihm heilig ist, wie er es dir unter der Bedingung geschworen hat, dass du auf die Gebote des Herrn, deines Gottes, achtest und auf seinen Wegen gehst. Dann sehen alle Völker der Erde, dass der Name des Herrn über dir ausgerufen ist, und fürchten sich vor dir" (Deuteronomium 28,9f).

Dieser Text bietet uns einen Rahmen, um die Bedeutung der göttlichen Gebote in der Bibel zu verstehen. Zusätzlich deckt er die Wurzeln des Zusammenhangs der Heiligkeit und der ethischen Dimension menschlichen Lebens auf. Indem das erwählte Volk den „Wegen des Herrn" folgt, entwickelt es eine neue Lebensweise, in der die Heiligkeit seines Gottes sich in die konkreten Wirklichkeiten seiner Existenz überträgt. So können andere Völker in der Begegnung mit dem Volk Israel die gleiche Erfahrung machen wie Mose mit dem brennenden Dornbusch: „Sie werden dich fürchten", mit anderen Worten, sie werden fasziniert und von Ehrfurcht ergriffen sein, wenn sie ein Leben sehen, das nicht so ist wie das der anderen (vgl. Apostelgeschichte 2,43a), sondern das Leben eines Volkes, das „für sich wohnt und nicht zu den Völkern zählt" (Numeri 23,9).

Diese Logik wird in einem der grundlegenden Abschnitte der Tora, dem Gesetz des Mose, deutlich, und zwar in dem Teil, der als „Gesetz der Heiligkeit" (Levitikus 17ff) bekannt ist. In diesem Text wird der wesentliche Grund für die Befolgung der Gesetze in einen kurzen, prägnanten Satz gefasst: „Seid heilig, denn ich, der Herr, euer Gott, bin heilig" (Levitikus 19,2; vgl. 20,26). Danach folgt eine Reihe von Vorschriften darüber, wie das alltägliche Leben zu gestalten sei; kurz darauf wird der Grund für all diese Forderungen noch einmal formuliert:

„Ihr sollt euch heiligen, um heilig zu sein;
denn ich bin der Herr, euer Gott.
Ihr sollt auf meine Satzungen achten und sie befolgen.
Ich bin der Herr, der euch heiligt."
(Levitikus 20,7f)

Daraus ergibt sich eine Frage, die in der Welt der Bibel keinesfalls nur theoretisch ist: Was passiert, wenn das Volk nicht gemäß den göttlichen Geboten lebt? In diesem Fall wird es zu einem lebenden Widerspruch; seine grundlegende Identität (wer es ist) und sein konkretes Leben (wie es ist) stimmen nicht mehr überein. Der Abschluss des Abschnittes über das Gesetz der Heiligkeit erwähnt diese ungeheuerliche Möglichkeit:

„Ihr sollt auf meine Gebote achten und sie befolgen; ich bin der Herr. Ihr sollt meinen heiligen Namen nicht entweihen, damit ich inmitten der Israeliten geheiligt werde; ich, der Herr, bin es, der euch heiligt. Ich, der euch aus Ägypten herausgeführt hat, um euer Gott zu sein, ich bin der Herr" (Levitikus 22,31-33).

Wenn es die Gebote Gottes nicht mehr befolgt, „entweiht Israel den heiligen Namen" und gibt der Welt ein falsches Bild von Gottes Heiligkeit (vgl. Ezechiel 36,20-23; Jesaja 52,5). Das ist auch der Grund, weshalb Jesus in dem seine gesamte Botschaft umfassenden Gebet, dem Vaterunser, die Jünger als erste Bitte lehrt: „Geheiligt werde dein Name." Er hält es für wesentlich, dass die Glaubenden darum bitten, dass ihre Lebensweise ein wahrhaftiges Spiegelbild Gottes und der göttlichen Heiligkeit sei, damit die Welt in ihnen Gottes Angesicht sehen und erkennen kann.

Wenn das Volk Gottes seine Identität als heiliges Volk dadurch ausdrückt, dass es die göttlichen Gebote hält, dann ist es bemerkenswert, dass eine große Zahl dieser Gebote, so wie sie in den ersten fünf Büchern der Bibel zusammengestellt sind, sich mit Fragen des Gottesdienstes befassen. Indem sie an einem Ort des Gebets „vor dem Herrn erscheinen" (vgl. Exodus 23,17), zeigen die Israeliten von Anfang an, dass sie zum heiligen Volk gehören. So war es bereits bei den Vorfahren des Volkes (vgl. Genesis 12,8; 26,25 u. ö.), während der Zeit des Exodus (vgl. Exodus 33,7-11) und in der Anfangszeit im Land Kanaan (vgl. Josua 8,30f; 1 Samuel 1,3 u. ö.). Zur Zeit des Königreichs wurde der Gottesdienst auf den Tempel in Jerusalem konzentriert. Dieser wurde in den folgenden Jahrhunderten zum Hauptheiligtum, zu dem das Volk kam, um vor Gottes Angesicht zu treten.

Im Leben des Volkes Israel war das Gebet im Wesentlichen ein gemeinschaftlicher liturgischer Vollzug; der Betende ging zum Tempel, um als Teil des Volkes mitzubeten. An dieser Stelle taucht das Konzept der rituellen *Reinheit* auf: Wie andere Kulturen dachte auch Israel darüber nach, welche Bedingungen jemand erfüllen müsse, um in der Gegenwart des heiligen Gottes an der Liturgie teilnehmen zu können. Wir erinnern uns, dass der Prophet Jesaja sich als unrein empfand, als er mit der Heiligkeit Gottes konfrontiert wurde, er fühlte sich unwürdig, in den Gesang des himmlischen Chores einzustimmen (vgl. Jesaja 6,5). Dieser grundlegende Aspekt der Heiligkeit verlangte von allen Mitgliedern der traditionellen Kulturen, darüber nachzudenken, mit welcher Berechtigung sie sich der Quelle des Lebens nähern könnten.

Das Gesetz des Mose enthält daher Regeln zur Reinigung, die in symbolischer Sprache einen Zugang zum heiligen Ort und den Kontakt mit den heiligen Objekten entwickeln und beschreiben; sie formen gewissermaßen die „Spielregeln" der Heiligkeit. Da sich die jüdisch-christliche Offenbarung seither weiter entwickelt hat, erscheinen uns solche Regeln heute seltsam, um nicht zu sagen absurd. Dennoch sollten wir uns hüten, sie aus unserer Perspektive heraus einfach abzutun. Zunächst sind sie ein Hinweis darauf, wie ernst die göttliche Heiligkeit und ihre Folgen zu nehmen sind. Wir müssen uns fragen, warum wir solche Zeremonien nicht mehr für notwendig halten. Liegt es daran, dass sich unser Verständnis für das Heilige wirklich vertieft hat oder liegt der Grund eher darin, dass Gott für uns nicht mehr das „verzehrende Feuer" ist, das unserer Existenz Wärme und Licht schenkt?

Es ist aber auch eine Tatsache, dass bereits in der frühen Geschichte Israels manche im Volk erkannten, dass das Wesentliche nicht in äußerlichen Riten besteht. Psalm 15 stellt zum Beispiel die Frage, wer in das Heiligtum eingelassen werden darf:

„Herr, wer darf Gast sein in deinem Zelt,
wer darf weilen auf deinem heiligen Berg?"
(Psalm 15,1)

Hier hat das Volk, kurz gesagt, schon einen langen Glaubensweg hinter sich, denn der „heilige Berg", von dem die Rede ist, ist nicht der Sinai, sondern der Tempelberg Zion. Die Antwort des Psalmisten lautet:

„Der makellos lebt und das Rechte tut;
der von Herzen die Wahrheit sagt …"
(Psalm 15,2ff)

In diesem Psalm ist die Reinheit vor allem ethisch verstanden. Wer ein makelloses Leben im Einklang mit den Geboten Gottes führt, ist ein vollwertiges Mitglied des heiligen Volkes.

Psalm 24 legt diesen Gedanken noch weiter aus:

„Wer darf hinaufziehn zum Berg des Herrn,
wer darf stehn an seiner heiligen Stätte?
Der reine Hände hat und ein lauteres Herz,
der nicht betrügt und keinen Meineid schwört."
(Psalm 24,3f)

Hier ist die Reinheit sowohl eine Eigenschaft der Hände, also der Taten des Menschen, als auch des *Herzens*, und demnach etwas, das dem innersten Wesen entspringt. Diese Perspektive stellt einen erheblichen Fortschritt im geistlichen Bewusstsein des Volkes dar – eine Entwicklung vom Ritual zur Ethik, die Entdeckung des Vorrangs der Innerlichkeit. Sie bereitet, langsam aber sicher, den Weg für die Lehre Jesu.

Worin bestand die Liturgie des Tempels in Jerusalem? Die Glaubenden brachten ihre Beziehung zum Herrn durch das Singen von Psalmen, durch Prozessionen und Segnungen und vor allem durch das Darbringen von *Opfern* zum Ausdruck. Da das Wort „Opfer" heutzutage eine ganz andere Bedeutung bekommen hat, wollen wir einen Moment innehalten, um die authentische Bedeutung dieses Konzeptes in der Bibel zu verstehen und so unnötige und nutzlose Diskussionen zu vermeiden.

Heutzutage hat der Ausdruck „ein Opfer bringen" vor allem einen moralistischen, negativen Beigeschmack; Opfer bringen wird meist so verstanden: Aus Pflichtbewusstsein tut man etwas, das man eigentlich lieber nicht tun würde. In der Antike war das Opfer vor allem eine Gabe, ein Geschenk an die Gottheit. So brachte beispielsweise ein Bauer seinem Gott zur Erntezeit die ersten Früchte der Erde als Zeichen seiner Dankbarkeit dar (vgl. Deuteronomium 26,1-11). Gaben wurden auch geopfert, wenn man um Vergebung bitten oder die Wiedereingliederung eines Menschen besiegeln wollte, der aus irgendeinem Grund aus der Gesellschaft ausgeschlossen worden war.

Im Allgemeinen wurde das Geschenk an den unsichtbaren Gott dergestalt übergeben, dass man ein Tier oder eine Pflanze zum heiligen Ort brachte und es dem Priester überließ, der es dann meist verbrannte. So wurde sichtbar, dass das betreffende Objekt vom Feuer durchdrungen und umgewandelt wurde und in den göttlichen Bereich eingegangen war; der Rauch, der zum Himmel aufstieg, verstärkte diese Symbolik. Es gab weitere Opfer und andere Weisen, diese darzubringen – im Wesentlichen aber war ein Opfer in der Antike ein Geschenk an einen Gott, und in Israel war dies kein Grund zur Trauer, sondern vielmehr zur Freude (vgl. Psalm 66,13-15). Wenn wir einem besonders lieben Freund ein Geschenk machen möchten, scheuen wir weder Kosten noch Mühen, sondern denken vor allem daran, welche Freude es demjenigen bereiten wird, den wir lieben. So war für das Volk Gottes eine Opfergabe Ausdruck und Bestärkung darin, dass es dem Gott angehörte, der es in die Gemeinschaft mit sich gerufen hatte.

In der Bibel finden wir auch kritische Stimmen zum System der Opfergaben. Diese kamen im Allgemeinen aus dem Kreis der Propheten (vgl. z. B. Hosea 6,6; Amos 4,4f; 5,21-25; Jesaja 1,11-17; Psalm 51,18f). Wenn man sich diese Texte näher anschaut, bemerkt man, dass sich die Kritik nicht gegen das Opfern als solches richtet, sondern gegen eine heuchlerische oder magische Einstellung, die nur darauf Wert legt, den äußerlichen Ritus zu vollführen und dabei die wesentliche Gesinnung und Haltung vernachlässigt.

Es gibt eine weitere Praxis, durch die das Volk der Bibel seine Identität als heiliges Volk zum Ausdruck brachte: den *Sabbat*. Für das Volk Israel hat diese Praxis eine außergewöhnlich große Bedeutung, entstammt sie doch einer Handlung Gottes während der Erschaffung der Welt. Nebenbei bemerkt, an dieser Stelle in der Bibel finden wir zum ersten Mal das Wort „heilig":

„Am siebten Tag vollendete Gott das Werk, das er geschaffen hatte, und er ruhte am siebten Tag, nachdem er sein ganzes Werk vollbracht hatte. Und Gott segnete den siebten Tag und erklärte ihn für heilig; denn an ihm ruhte Gott, nachdem er das ganze Werk der Schöpfung vollendet hatte" (Genesis 2,2f).

Aus diesem Grund müssen die Gläubigen den siebten Tag anders begehen als die anderen Tage:

„Der Herr sprach zu Mose: Sag den Israeliten: Ihr sollt meine Sabbate halten; denn das ist ein Zeichen zwischen mir und euch von Generation zu Generation, damit man erkennt, dass ich, der Herr, es bin, der euch heiligt. Darum haltet den Sabbat; denn er soll euch heilig sein" (Exodus 31,12-14a; vgl. 20,8-11; Deuteronomium 5,12-15; Ezechiel 20,12).

Als heiliger Tag unterliegt der Sabbat nicht der Kontrolle der Menschen. Sie unterlassen an diesem Tag freiwillig jegliches Tun, um sich der Heiligkeit Gottes zu öffnen. Indem sie an einem Tag der Woche in ihrer gewöhnlichen Aktivität innehalten, zeigen die Glaubenden, dass der Sinn ihres Lebens nicht aus ihnen selbst entspringt. Er kommt von anderswo, er ist ein Geschenk, das Gott ihnen macht. Die Glaubenden erkennen an, dass sie nicht über die gesamte Zeit verfügen; es gibt Grenzen ihrer Selbstbestimmtheit. So ist der Sabbat für sie – wie auch für andere – ein *Zeichen* für das Eine, auf das es ankommt; es ist die Vorahnung eines Universums, das durchdrungen ist von der Erkenntnis Gottes. Obwohl die meisten Christen nicht (wie die Juden) den siebten Tag der Woche feierlich begehen, entbindet uns das nicht von der Notwendigkeit, regelmäßig in der Alltagsroutine, die uns so schnell vereinnahmt, innezuhalten, um unser Leben wieder auf Gott auszurichten und uns so erneut der Grundlage unseres Lebens bewusst zu werden.

ZUM NACHDENKEN

1. Das Gebet des Volkes Israel ist vor allem in einer Sammlung liturgischer Lieder ausgedrückt, dem Buch der Psalmen. Lies Psalm 130 und 131. Was sagen sie uns über die Gesinnung, die ein Gläubiger haben muss, um eine wahrhaftige Beziehung mit Gott zu finden?

2. Können wir für unser Leben die aufrichtige Motivation der biblischen Opfer wiederfinden? Was können wir Gott schenken? Wie kann sich dieses Geschenk im konkreten Handeln zeigen?

3. Die Praxis des Sabbats ist mitten im Alltag ein Zeichen für das, worauf es am meisten ankommt. Ist es möglich, in unserem Leben Räume zu schaffen, in denen wir innehalten und Gottes Heiligkeit wiederentdecken können?

4. Lies Numeri 20,1-13. Aus welchem Grund ist, nach Meinung des Autors, das Wunder des Wassers aus dem Felsen eine Erscheinung göttlicher Heiligkeit (V. 13)? Hilft uns dieser Text zu verstehen, auf welche Weise Menschen „den Namen Gottes entweihen" können (siehe VV. 3-5.12)?

Maria: Berufung als Gabe

An der Schwelle zum Evangelium von Jesus Christus wollen wir innehalten, um zusammenzufassen, was wir bisher entdeckt haben. Zu Beginn betrachteten wir das Heilige als eine dem Menschen mögliche *Erfahrung*, als Begegnung mit einer geheimnisvollen Wirklichkeit, die den Menschen aus seiner gewohnten Routine herausreißt. Sie eröffnet ihm den Blick auf eine andere Welt jenseits der Banalität seines Alltags, eine Welt, die zugleich anziehend und erschreckend ist. Im Anschluss stellten wir fest, dass in der Bibel die Erfahrung des Heiligen allmählich ein persönliches Gesicht annimmt: Sie wird im Wesentlichen zu einer Begegnung mit dem Gott, der ein „verzehrendes Feuer" ist (Deuteronomium 4,24; Hebräer 12,29). Und dieser Gott will seine Heiligkeit nicht eifersüchtig für sich bewahren, im Gegenteil, er will sie mitteilen. Der biblische Gott ist ein Gott, der spricht, der ruft. Die Bibel offenbart uns einen Gott, der seit jeher auf die Menschen zugeht, um sie zu einer Fülle des Lebens und zu einer beglückenden Beziehung mit sich einzuladen. Gott ruft die Menschen bei ihrem *Namen*. Das bedeutet, dass die Menschen ihre wahre Identität, den Grund, warum sie geschaffen wurden, einzig in der Beziehung zu Gott entdecken. Diese Beziehung zu Gott, der ruft, ist von ihrem Wesen her für andere offen. Diejenigen, die von Gott berührt wurden, geben die Heiligkeit – einem Schneeballeffekt gleich – an andere weiter. Durch seinen Ruf eröffnet Gott eine Geschichte, eine Kontinuität durch alle Zeitalter hindurch.

Es war ein wichtiger Moment, als Gott aus einer Ansammlung von Frauen und Männern am Rande der Gesellschaft ein heiliges Volk erschuf, eine Nation, die durch ihr Dasein dazu berufen ist, lebendiges Zeichen der göttlichen Heiligkeit zu sein. Das Leben Israels konzentrierte sich auf die Tora des Mose, das heißt auf die Geschichte der Gnade des göttlichen Rufes, sowie auf die Gebote, die es dem Volk ermöglichten, diesem Ruf entsprechend zu leben. Dies war ein Versuch, mitten in der Geschichte der Menschheit das Heilige zu verkörpern. Dieser Versuch stand unter dem Zeichen der Solidarität, denn der Ruf des Einzelnen findet seinen Sinn nur im Zusammenhang eines gemeinschaftlichen Lebens, des Lebens des Volkes Gottes.

Wenn also der Gott der Bibel ein rufender Gott ist, der eine gegenseitige Beziehung sucht, dann folgt daraus, dass die freie Antwort des Gerufenen ein wichtiger Teil von Gottes Werk ist. Aus Erfahrung wissen wir, dass diese Antwort für den Menschen nicht selbstverständlich ist. Sich selbst überlassen, tendiert er eher dazu, Ausreden zu suchen, um einer möglichen Konfrontation mit dem Ruf zu entgehen. Die gesamte biblische Erzählung kann auf dem Hintergrund dieser Beobachtung gelesen werden. Gott hält an seinem Ruf fest; beständig räumt er Entschuldigungen, welche die Menschen zwischen sich und das Wort schieben, beiseite, um eines Tages endlich die ersehnte Antwort zu erhalten. Erst dann kann etwas Neues geschehen. Dann werden wir Zeugen einer grundlegenden Erneuerung des Bundes.

Es gibt eine Geschichte im Neuen Testament, die ausdrücklich von dieser Überbrückung erzählt und zeigt, wie der Bund zwischen Gott und seiner Schöpfung, der sich durch die Zeit hindurch immer klarer abzeichnete, zur Erfüllung gebracht wird. Diese Geschichte ist die bekannte Erzählung der Verkündigung des Engels an Maria (vgl. Lukas 1,26-38). Wenn wir sie parallel zur Geschichte von Mose und dem brennenden Dornbusch lesen, erkennen wir sowohl Elemente von Kontinuität als auch Neues. Durch die Vermittlung seines Boten, des Engels Gabriel, kommt Gott zu einem Menschen, zu Maria aus Nazaret, einem anscheinend ganz gewöhnlichen Mädchen aus einem kleinen Ort in Galiläa. Genau wie bei ihrem Vorfahren

Mose durchbricht die Begegnung mit dem Göttlichen ihren Alltag und ruft Verwirrung hervor, um nicht zu sagen „Furcht" (Lukas 1,29f; vgl. 1,12). Bei Maria liegt aber die Betonung auf den Worten, die zu ihr gesagt werden („was dieser Gruß zu bedeuten habe", 1,29); der Engel kommt, um mit ihr zu reden, um mit ihr in einen Dialog zu treten. Und dieser Dialog birgt einen versteckten Ruf, eine verborgene Ankündigung dessen, was geschehen wird – kein „Tu dies!", sondern „Du wirst dies tun". Es scheint, als ob sich Gott der Antwort seiner Partnerin so sicher ist, dass er diese bereits in den Ruf mit einbezieht.

Erwarten wir am Anfang dieser Begegnung, dass der göttliche Bote Maria beim Namen ruft, so stoßen wir auf folgende Worte: „Sei gegrüßt, du Begnadete, der Herr ist mit dir" (Lukas 1,28). Bei näherer Betrachtung erkennen wir, dass Maria hier tatsächlich von Gott einen neuen Namen erhalten hat. Der Ausdruck, der mit „Begnadete" oder „voll der Gnade" übersetzt wird, ist das griechische Wort *kecharitomene*, das in diesem Zusammenhang als Titel oder Name verstanden werden muss. Wie schwierig die Übersetzung dieses Wortes ist, wird bei einem Vergleich unterschiedlicher Bibelübersetzungen ersichtlich. Das Partizip Perfekt des Verbs *charitoo* (Gunst bezeugen, Gnade zeigen) bedeutet in seiner passiven Form so etwas wie „diejenige, in der Gottes Gnade bereits vollkommen ist und wirkt". Im Vergleich zu Mose ist dies ein wichtiger Schritt nach vorn: Der Ruf Gottes wird vor allem als *Gabe* gesehen, als Gabe einer Gegenwart.

Als der Engel Marias Verwirrung bemerkt, die in ihrer Frage „Wie soll das geschehen?" zum Ausdruck kommt, erklärt er ihr, worin die Gabe und diese Gegenwart bestehen:

„Der Heilige Geist wird über dich kommen, und die Kraft des Höchsten wird dich überschatten. Deshalb wird auch das Kind heilig und Sohn Gottes genannt werden" (Lukas 1,35).

Die Gabe ist nichts weniger als die göttliche Heiligkeit selbst, Gottes Atem des Lebens, der Heilige Geist. Hier erkennen wir einen weiteren großen Fortschritt in Gottes Selbstoffenbarung. Für Mose vor dem brennenden Dornbusch war das Heilige eine Realität außerhalb seiner selbst. Sicher, manchmal war das Heilige auch im alten Israel eine innere Wirklichkeit im Leben des Volkes. Gottes Herrlichkeit erfüllte den mitwandernden Schrein während des Exodus (vgl. Exodus 40,34f) und später den Tempel in Jerusalem (vgl. 1 Könige 8,10-12); das Gesicht des Mose strahlte im Glanz, als er vom Berg Sinai herabkam (vgl. Exodus 34,29-35; 2 Korinther 3,12-18); am Vorabend der babylonischen Gefangenschaft kam der Geist auf einen der Propheten (vgl. Ezechiel 2,2; 11,5). Zudem ist Israel dazu berufen, ein heiliges Volk zu sein, das Zeugnis von Gottes Heiligkeit gibt, indem es seine Gebote hält. Und obwohl Gottes große Gabe, die Tora, mit ihrer schriftlichen Gestalt verknüpft ist, gibt sie dennoch Einblick in eine größere Innerlichkeit und Intimität der Erfahrung (vgl. Deuteronomium 30,11-14; Jeremia 31,31-34; Ezechiel 36,27).

Nun aber ist die innere Gegenwart ein Schlüsselelement der Geschichte: Das Feuer der Heiligkeit, die göttliche *Shekhinah*[10], bleibt in Maria, um die Zusage zu erfüllen und die Geburt des „Heiligen", der „Sohn Gottes" ist (Lukas 1,35), zu bewirken. Heiligkeit fällt nicht wie ein Meteorit vom Himmel, man kann sie sich nicht durch bloße Nachahmung eines äußerlichen Modells aneignen. Sie wird Fleisch und konkretisiert sich in der Menschheitsgeschichte als Höhepunkt eines langen Reifeprozesses.

Der Bericht der Verkündigung des Engels an Maria betont Gottes Initiative und Tätigkeit. Es ist Gott, der kommt, verkündet, gibt und hervorbringt. Es könnte so aussehen, als ob folglich gar keine Antwort mehr nötig sei, als ob sich Gottes Aktivität mit der menschlichen Passivität decken würde. Aber

---

10 In der späteren jüdischen Tradition bezieht sich dieses Wort, das die Wurzel *škn* („wohnen", „verweilen") hat, auf Gottes Gegenwart in der Welt, oft auch in der Form von Licht, welches das Volk im Exil begleitet.

es ist genau umgekehrt. Mehr als zuvor hängt alles von der freien Antwort derjenigen ab, an welche die Verkündigung ergeht. Und eben diese Antwort finden wir am Ende der Geschichte:

„Ich bin die Magd des Herrn; mir geschehe, wie du es gesagt hast" (Lukas 1,38).

Der Text beschreibt auch, auf welche Art von Antwort Gott hofft. Maria wird nicht aufgerufen, diese oder jene Tätigkeit auszuführen, sondern in das *einzuwilligen*, was Gott durch sie und mit ihr vorhat. Folglich ist die Leere, die sie charakterisiert, ihre Unwichtigkeit in den Augen der Welt (*tapeinosis*, Lukas 1,48), gerade kein Hinderungsgrund für die Erfüllung ihrer Berufung. Im Gegenteil, sie ist der „jungfräuliche" Boden, auf dem Gott ungehindert wirken kann (vgl. Genesis 3,8). Durch ihr Ja zu dem, was der Herr mit ihr vorhat, ermöglicht sie es ihm, mitten in der Menschheitsgeschichte auf eine völlig neue Weise gegenwärtig zu werden.

ZUM NACHDENKEN

Im Magnifikat (Lukas 1,46-55), dem Lied, das Maria aus dem Herzen kommt, nachdem sie dem Engel begegnet ist, entschlüsselt sie den Grund ihrer Berufung und das Geheimnis ihrer Größe.

1. Wie kann ein Mensch Gott „erheben" (V. 46)? Braucht Gott etwas, das der Mensch ihm hinzufügen müsste?

2. Warum feiert Maria ihre „Niedrigkeit"? Kann diese Eingebung uns helfen, unser eigenes Leben, unsere Begabungen und unsere Schwächen, neu zu sehen?

3. Wo erkennen wir um uns herum Spuren des Gottes, der „die Mächtigen vom Thron stürzt und die Niedrigen erhöht"?

4. Wie zeigt Gott in diesem Lied seine Heiligkeit (die Heiligkeit seines „Namens")?

Der Heilige Gottes

Gott arbeitet in enger Verbundenheit mit den Menschen und durch die Menschen, die er geformt und erwählt hat. Mit unermüdlicher Geduld bereitet er das Herz des Einzelnen dafür, seinen Ruf zu hören und zu verstehen, dass dieser Ruf eins ist mit der Gabe der göttlichen Heiligkeit. Ein uraltes christliches Gebet vergleicht mit treffender Intuition die Jungfräulichkeit Marias mit dem Dornbusch des Mose, der brennt, ohne zu verbrennen.[11] Durch ihre Antwort, die reine Empfänglichkeit ist, durch ihre Bereitschaft, die heiligende Gegenwart Gottes in ihr ganzes Wesen aufzunehmen, macht es Maria möglich, dass die Heiligkeit selbst ein menschliches Wesen wird. Der Neuanfang besteht darin, dass die Heiligkeit vom Innern der Menschheit ausgeht, beginnend mit Jesus Christus, „geboren von einer Frau und dem Gesetz unterstellt, damit er die freikaufe, die unter dem Gesetz stehen" (Galater 4,4f).

Worin genau aber gründet, im Hinblick auf die Heiligkeit, die Beziehung zwischen dem Leben dieses Jesus, dem Mittelpunkt des christlichen Glaubens, und allem, was vor ihm war? Ein Schlüssel zur Beantwortung dieser Frage findet sich in einer Geschichte am Ende des Lukasevangeliums (24,13ff). Am dritten Tag nach dem Tod Jesu gehen zwei seiner Jünger zu dem Dorf Emmaus. Christus, der Auferstandene, begleitet sie, aber sie erkennen ihn nicht. Seine Geschichte ist ihnen bekannt, auch das sonderbare Gerücht, dass er lebe, und trotzdem sind sie von Trauer überwältigt. Letztendlich werden

---

11 *Rubum qui viderat Moyses incombustum, conservatam agnovimus tuam laudabilem virginitatem: Dei Genitrix, intercede pro nobis* (Antiphon für die Weihnachtsoktav).

ihnen während eines Mahles mit ihrem unbekannten Begleiter die Augen geöffnet. Im Rückblick sagen sie zueinander: „Brannte uns nicht das Herz in der Brust, als er unterwegs mit uns redete und uns den Sinn der Schrift erschloss?" (Lukas 24,32). Wenige Verse später schreibt Lukas: Der auferstandene Christus „öffnete ihnen die Augen für das Verständnis der Schrift" (Lukas 24,45).

Durch seine Auferstehung offenbart Jesus die tiefste Bedeutung all dessen, was Gott dem Menschen durch die gesamte Menschheitsgeschichte zu sagen versuchte. In Christus Jesus wird der Gott, der spricht, ganz „Wort" (vgl. Johannes 1,1). Christus fasst die bis dahin bruchstückhafte Kommunikation zusammen und zeigt uns ihre ganze Tiefe und Einheit (vgl. Hebräer 1,1f). Er offenbart das größte Geheimnis Gottes (vgl. Kolosser 1,26f) nicht als Abstraktion, sondern als lebendige Wirklichkeit, die fähig ist, alle Geschöpfe zu verwandeln.

Auf unser Thema bezogen bedeutet diese Aussage, dass uns Jesus Christus vor allem im österlichen Übergang vom Tod zum Leben in Gott die tiefste Bedeutung der Heiligkeit erschließt und in Vollkommenheit mitteilt. Anders ausgedrückt, das Leben, der Tod und die Auferstehung Jesu sind die vollständige Antwort auf die eine „Frage", die sich in der Erfahrung des Heiligen stellt und auf welche die Geschichte des Volkes Israel nur Teilantworten bereithielt.

Wir wollen uns nun einen kurzen Überblick über die Evangelien verschaffen und behalten dabei die folgende Frage im Hinterkopf: Wie zeigt uns Jesus durch sein Leben, was das Feuer der Heiligkeit Gottes ist?

An der Schwelle zum Neuen Bund begegnet uns ein Mann namens Johannes, bekannt als „der Täufer". So wie die Propheten der alten Zeit ruft er die Menschen dazu auf, zur Quelle ihres Lebens zurückzukehren. Und er kündigt das Kommen eines anderen an:

„Ich taufe euch nur mit Wasser (zum Zeichen) der Umkehr. Der aber, der nach mir kommt, ist stärker als ich und ich bin es nicht wert, ihm die Schuhe auszuziehen. Er wird euch mit dem Heiligen Geist und mit Feuer taufen" (Matthäus 3,11).

Durch diesen „Stärkeren", der auf dem Weg ist, wird das Feuer der Heiligkeit Gottes endgültig auf die Erde herabkommen. Fortan wird die Heiligkeit nicht länger eine Erfahrung sein, die nur wenigen vorbehalten ist, einem Mose oder einem Jesaja; sie wird auch nicht das Privileg eines einzelnen Volkes sein. In der Person des Heiligen Geistes Gottes wird die Heiligkeit die ganze Welt in Brand setzen. Sie wird das Universum verwandeln.

Dann erscheint Jesus, und jeder unvoreingenommene Beobachter kann überrascht den Kontrast feststellen zwischen der vollmundigen Ankündigung des Täufers und der ganz gewöhnlichen Erscheinung dessen, von dem er sprach. Denn Jesus kommt als demütiger Mann, seine erste Handlung besteht darin, Johannes zu bitten, *ihn* zu taufen. Er beginnt sein öffentliches Leben nicht mit spektakulären Taten, um das Feuer des Heiligen auf die Erde zu bringen. Ganz im Gegenteil: Jesus vollzieht einen Akt der Solidarität mit der Menschheit, die Gott sucht und Vergebung braucht. Hier wird ein wichtiger Gesichtspunkt der Evangelien deutlich: Im Moment, da Gott sich aufmacht, seiner Schöpfung zu begegnen, überrascht sein Kommen durch seine Zurückhaltung. Er erfüllt die Sehnsucht des Menschen auf eine Weise, die unerwartet, dafür aber umso wirkungsvoller ist. Der Prophet Elija hatte diese Wahrheit schon Jahrhunderte früher angedeutet, als er verstand, dass Gott nicht im Sturm, im Erdbeben oder im Feuer war, sondern in einem „sanften, leisen Säuseln" (1 Könige 19,11f).

Die Erzählung von der Taufe Jesu hat Gemeinsamkeiten mit den Erfahrungen von Mose und Maria. Es ist wahr, dass hier, sogar noch weniger als in der Geschichte Marias, eigentlich nicht von einer Berufung berichtet wird. Das Ereignis kann vielleicht am ehesten als der Ausbruch einer zuvor verborgenen Wirklichkeit mitten im Menschsein beschrieben werden. Wie auf Maria kommt auch auf Jesus die Gegenwart des Geistes, Gottes Heiligkeit, herab:

> „Als er aus dem Wasser stieg, sah er, dass der Himmel sich öffnete und der Geist wie eine Taube auf ihn herabkam" (Markus 1,10).

Gleich darauf ruft Gott Jesus bei seinem neuen Namen:

> „Eine Stimme aus dem Himmel sprach: Du bist mein geliebter Sohn, an dir habe ich Gefallen gefunden" (Markus 1,11; vgl. 9,7).

„Du bist mein Sohn, die Frucht meiner Liebe." Der neue Name, der Jesus bei der Taufe gegeben wird, ist „Sohn Gottes".[12] Ein ungewöhnlicher Name! Obwohl jeder Mensch Sohn oder Tochter zweier anderer Menschen ist, würde niemand von uns als seinen wahren Namen, also als seine Identität, „Frau Schmidts Sohn" oder „Herrn Müllers Tochter" angeben. Natürlich tragen unsere Eltern wesentlich zur Bildung unserer Identität bei, aber es wäre eine Selbstentfremdung, sich nur von ihnen her zu definieren. Menschliche Elternschaft ist immer relativ; unsere Eltern geben uns ein Leben weiter, welches sie selbst nur empfangen haben. Sie sind nicht die Quelle desselben (vgl. Epheser 3,14f).

Wenn wir über diesen Namen Jesu nachdenken, verstehen wir besser, wie einzigartig er ist. „Gottes Sohn" zu sein ist für ihn nicht eine Eigenschaft von vielen, nicht ein Abschnitt in

---

12 Dass der Ausdruck „Sohn Gottes" als Name verstanden werden sollte, ist auch textgeschichtlich belegt. Er stammt aus Psalm 2,7, einem Königspsalm, in dem der neue König, wie die Herrscher Ägyptens, bei der Thronbesteigung einen „Thronnamen" erhält. Vgl. Jesaja 9,5. Siehe H.-J. Kraus, *Theologie der Psalmen*, BKAT XV/3, Neukirchener Verlag, 1979, 141f.

einem längeren Lebenslauf. Jesu Identität definiert sich im „Sohn-Sein" an sich; seine Person steht vollkommen in Beziehung zu dem Einen, den er „Abba" nennt (Markus 14,36). Es gibt nichts, das von dieser Beziehung ausgenommen bliebe, kein abgegrenztes Eckchen, das er für sich bewahren und als sein eigentliches Ich betrachten würde. Aus Jesu völliger Offenheit für Gott folgt, dass seine Existenz auch ganz die Identität des *Abba* offenbart. Jesus sagt dies selbst in einem Gebet, das er zu einem späteren Zeitpunkt seines öffentlichen Lebens spricht:

„Mir ist von meinem Vater alles übergeben worden;
niemand kennt den Sohn, nur der Vater,
und niemand kennt den Vater, nur der Sohn
und der, dem es der Sohn offenbaren will."
(Matthäus 11,27)

Jesus existiert und seine Existenz hat einen Sinn nur in der Beziehung mit Gott; so offenbart er, dass Gott die Quelle selbst ist, die Quelle des Lebens und die Quelle allen Sinns. Gottes Wesen ist ganz „Abba", oder, wie der Evangelist Johannes es ausdrückt: „Gott ist die Liebe" (1 Johannes 4,8.16). Jesus, dessen Leben ein getreues Abbild von Gottes Leben ist, kann uns besser als jeder andere darüber aufklären, was die göttliche Heiligkeit wirklich bedeutet.

Wir sollten jedoch nicht vergessen, dass Jesus nicht der Einzige war, der im damaligen Judentum eine bestimmte Vorstellung von Heiligkeit hatte. Am Beginn unserer Zeitrechnung waren sich die Juden darüber einig, dass es für den Glauben an Gott notwendig sei, heilig zu sein. Aber wie? Manche gaben auf diese Frage eine radikale Antwort: Heiligkeit erfordere einen kompletten Bruch mit dieser Welt, denn diese sei unrein. Diese Logik führte die Anhänger dieser Auffassung dazu, die damalige Gesellschaft zu verlassen und am Ufer des Toten Meeres so etwas wie eine Mönchsgemeinschaft zu gründen.

Mit den sogenannten Essenern stand Johannes der Täufer möglicherweise in Verbindung. Andere blieben in die Gesellschaft integriert, grenzten sich jedoch von ihr ab, indem sie ausgeprägte und anspruchsvolle religiöse Bräuche pflegten: Dies waren die Pharisäer, eine zur Zeit Jesu vor allem außerhalb der Städte einflussreiche Laienbewegung. Die Heiligkeit, die sich im Leben und in der Lehre Jesu ausdrückt, unterscheidet sich augenscheinlich von diesen Definitionen der Heiligkeit, die in der damaligen Zeit geläufig waren.[13]

Lesen wir weiter im Markusevangelium. In seinen ersten Kapiteln findet sich eine klare Katechese zum Thema Heiligkeit und eine fortlaufende Enthüllung ihrer Bedeutung. Nach seiner Taufe, seiner Versuchung und der ersten Verkündung der „guten Nachricht" (Markus 1,1-15) beginnt Jesus seine Aktivität am Ufer des Sees Genezaret. Er sieht vier Fischer bei der Arbeit. Diese Männer lädt er ein, ihn zu begleiten, und sogleich verlassen sie ihre Arbeit, Familien und Freunde und schließen sich ihm an (vgl. Markus 1,16-20). Von Anfang an zeigt uns Markus, dass dieser Wanderprediger etwas an sich hat, das durch eine einfache Begegnung und ohne dass irgendein Druck ausgeübt würde, einen radikalen Wandel der Lebensweise hervorruft. Jesu Gegenwart strahlt etwas derartig Anziehendes aus, dass das Alltagsleben daneben fad erscheint. Er trägt eine solche Absolutheit in sich, dass sich durch seine bloße Anwesenheit alles auf ihn ausrichtet. Damit ist uns eine vorläufige Definition der Heiligkeit gegeben, wie sich auf den ersten Seiten des Evangeliums im Blick auf Jesus erschließt.

In der nun folgenden Geschichte (Markus 1,21-28) nimmt die „Anziehungskraft" Jesu eine noch präzisere Gestalt an. Als er in der Synagoge von Kafarnaum predigte, erschraken die Zu-

---

13 Um das Evangelium im Hinblick auf die unterschiedlichen Vorstellungen von Heiligkeit zu lesen, siehe Marcus J. Borg, *Conflict, Holiness and Politics in the Teachings of Jesus,* New York/Toronto: The Edwin Mellon Press, 1984.

hörer, „und einer fragte den andern: Was hat das zu bedeuten? Hier wird mit Vollmacht eine ganz neue Lehre verkündet!" (1,27). Diese Mischung aus Faszination und Furcht erinnert uns an Moses Reaktion vor dem brennenden Dornbusch. Jesu Worte haben eine Kraft in sich, welche die Herzen der Menschen berührt und die Dinge auf den Kopf zu stellen vermag. Der Evangelist betont dies dadurch, dass er schreibt, in der Synagoge sei ein Mann gewesen, der „von einem unreinen Geist besessen war" (1,23), also jemand am entgegengesetzten Ende des Spektrums der göttlichen Heiligkeit. Mit dem Wort verkündet Jesus seine Lehre, mit dem Wort vertreibt er den unreinen Geist und macht den besessenen Mann gesund. Die Ironie besteht darin, dass es gerade dieser unreine Geist ist, der uns das Verständnis der Geschichte erschließt. Er fragt Jesus: „Bist du gekommen, um uns ins Verderben zu stürzen? Ich weiß, wer du bist: der Heilige Gottes" (1,24; vgl. Lukas 1,35). Gottes Heiligkeit offenbart sich in Jesus als lebenspendende Kraft, welche die Mächte des Bösen besiegt.

Wenig später zeigt eine weitere Heilung diesen Kampf noch dramatischer. Ein Leprakranker kommt zu Jesus, um sich heilen zu lassen (Markus 1,40-45). In der damaligen Zeit wurde die Lepra als eine besonders bösartige Krankheit betrachtet. Unsere moderne Mentalität, welche die verschiedenen Bereiche des Lebens fein säuberlich voneinander abgrenzt, zum Beispiel die materielle von der spirituellen Ebene, erschwert uns das Verständnis für die Sichtweise der Zeitgenossen Jesu. Diese unterschieden nicht zwischen der Angst vor der Ansteckung mit einer Krankheit und der Furcht vor einer bösen Macht, die die Menschen innerlich unrein macht. Sie trennten einen Angriff gegen die Gesundheit nicht von einem Angriff gegen die Heiligkeit. Heilen und heiligen gehörten zusammen. In jedem Fall wurde der Leprakranke von der Gesellschaft ausgeschlossen, denn er bedeutete eine Gefahr für das öffentliche Leben. Allein die Tatsache, dass sich der Unglückliche Jesus näherte, stellte eine Bedrohung dar und konnte sehr wohl als aggressiv bewertet werden.

In diesem Zusammenhang ist Jesu Reaktion bedeutsam. Er „streckte die Hand aus und berührte ihn". Der Heilige Gottes (vgl. Markus 1,24) meidet nicht die Mächte des Bösen – ganz im Gegenteil: Er geht auf die zu, die von ihnen unterdrückt werden und nimmt Kontakt mit ihnen auf. Anstatt dass Jesus unrein wird, verläuft die „Ansteckung" umgekehrt. Der Kranke wird gesund. „Im gleichen Augenblick verschwand der Aussatz, und der Mann war rein" (1,42). Jesus zeigt sich als der „Stärkere", er besiegt die Mächte des Bösen, die so furchteinflößend waren (vgl. Matthäus 3,11; Lukas 11,21f). In ihm ist die Heiligkeit Gottes keine zu behütende Kostbarkeit, sondern eine heilende Macht, die ausströmt, um die Welt zu erobern.

Im folgenden Absatz (Markus 2,1-12) zeigt sich, dass die körperliche Heilung eigentlich ein Zeichen für etwas Tieferes ist. Ein gelähmter Mann wird zu Jesus gebracht; statt der erwarteten Heilungsworte sagt Jesus: „Mein Sohn, deine Sünden sind dir vergeben!" Erst später folgt die Aufforderung: „Steh auf und geh!" Hier wird deutlich, dass Gottes Heiligkeit bis an die Wurzeln des Übels reicht; sie kann die Tiefen unseres Wesens heil machen. Diese innere Heilung, die „Vergebung der Sünden" genannt wird, schenkt den Menschen, die von der Last ihrer Schuld niedergedrückt werden, einen neuen Anfang durch eine Beziehung zu Gott: „Steh auf und geh!"

Der Evangelist zeigt zudem die gesellschaftlichen Folgen dieser Kraft der Vergebung, die Jesus schenkt (Markus 2,13-17). Jesus geht auf einen Zolleintreiber zu, ein Mitglied einer Berufsgruppe, die aus religiösen, politischen und gesellschaftlichen Gründen besonders verhasst war, und lädt ihn ein, einer seiner engen Freunde zu werden. Er betritt sein Haus, um mit „Sündern" Mahl zu halten – zur damaligen Zeit ein klares Zeichen der Gemeinschaft. Hier offenbart sich die Heiligkeit als eine Kraft der Versöhnung und der Gemeinschaft. Sie treibt Jesus dazu, auf die zuzugehen, die anscheinend weit von Gott entfernt sind. So können sie eine neue Beziehung mit Gott eingehen. Als Folge davon werden auch unter den Menschen neue Beziehungen aufgebaut.

Mit diesen Beispielen sollte klar geworden sein, dass die Heiligkeit, so wie Jesus sie darstellt, einer ganzen Reihe von Vorstellungen widerspricht, die damals in Israel tief verwurzelt waren. Das Verhalten Jesu musste alle schockieren, die sich in ihrem Streben nach Heiligkeit von allem „Unreinen" fernhielten (vgl. Markus 2,16). „Er gibt sich mit Sündern ab und isst sogar mit ihnen. ... Wenn er wirklich ein Prophet wäre, müsste er wissen, was das für eine Frau ist, von der er sich berühren lässt ... Er ist bei einem Sünder eingekehrt" (Lukas 15,2; 7,39; 19,7). Jesus folgt einer anderen Logik. Wie ein Arzt sucht er die Menschen auf, die am meisten in Not sind. Er will ihnen begegnen und liebt sie auf eine Weise, die einen Neuanfang möglich macht.

In den Erzählungen der Evangelien führt daher das, was Jesus und seine Jünger tun, oft zu Auseinandersetzungen mit denen, die im Volk Israel Autorität haben. Ob das Wort nun vorkommt oder nicht, diese Auseinandersetzungen haben unweigerlich damit zu tun, wie Heiligkeit verstanden wird.

Ein besonders deutliches Beispiel ist die völlig gegensätzliche Position in Bezug auf den Sabbat, dessen Einhaltung im Judentum in der Zeit nach dem Exil so wichtig war. Hier treffen zwei unversöhnliche Vorstellungen aufeinander, und es ist daher nicht verwunderlich, dass die Einstellung Jesu zum Sabbat einer der Hauptangriffspunkte gegen ihn wurde (vgl. Markus 3,6; Johannes 5,16; 7,23; 9,16). Für Jesus stellte die Heilung eines Menschen an diesem geheiligten Tag eine Manifestation der wahren Bedeutung der Heiligkeit dar und war daher diesem Tag besonders angemessen. Für seine Gegner jedoch, welche die Dinge nur nach dem äußeren Anschein beurteilten, war Jesu Handeln eine Form von Arbeit, die vom

Gesetz verboten war (vgl. Markus 3,1-6). Ähnlich verhielt es sich, wenn die Pharisäer Jesus einen „Freund der Sünder" (Matthäus 11,19) nannten; sie meinten dies abfällig, aber ihre Bezeichnung brachte genau das zum Ausdruck, was Jesus beabsichtigte. Die gleichen Tatsachen werden völlig konträr interpretiert, weil die Lebenseinstellungen so entgegengesetzt sind.

ZUM NACHDENKEN

1. Lies Lukas 10,30-37. In dieser Geschichte finden wir zwei Arten, Heiligkeit zu verstehen. Welche sind das? Und warum erzählt Jesus diese Geschichte; was will er uns zu verstehen geben?

2. Lies Matthäus 12,1-14. Um die Bedeutung dieser Erzählungen richtig zu verstehen, muss uns klar sein, dass Jesus nicht die Einhaltung des Sabbats vernachlässigt, sondern im Gegenteil seine wahre Bedeutung zeigen möchte. Wie hilft Jesus uns hier zu verstehen, was Heiligkeit ist?

Selig, die ein reines Herz haben!

Ein weiterer Aspekt der Heiligkeit, der das Herzstück von Jesu Offenbarung darüber bildet, ist im Alten Testament ansatzweise vorhanden und wird in den Seligpreisungen (Matthäus 5,1-12) explizit ausgeführt. Die Seligpreisungen sind ein Schlüsseltext, den der Evangelist Matthäus an den Beginn des uns als Bergpredigt bekannten großen „Programms" Jesu stellt. Der Satz über die Heiligkeit findet sich in der sechsten Seligpreisung: „Selig, die ein reines Herz haben; denn sie werden Gott schauen" (Matthäus 5,8; vgl. Hebräer 12,14). Diese Worte zeigen ganz wesentliche Perspektiven für unsere Betrachtungen auf.

Untersuchen wir zunächst die Zusage am Ende des Satzes. Im Alten Testament meint der Ausdruck „Gott schauen" den Zugang zur göttlichen Gegenwart, insbesondere im Tempel von Jerusalem (Deuteronomium 31,11; Psalm 42,3). Wir haben bereits festgestellt, dass das Gesetz des Mose sich darum bemühte, die Bedingungen für den Zugang der Glaubenden zum heiligen Ort festzulegen. Rituelle Reinheit, die vor allem in der Erfüllung dieser Bedingungen besteht, ist demnach notwendig, um „vor Gottes Angesicht zu dienen", das heißt, um am Gottesdienst des heiligen Volkes teilzunehmen. In der sechsten Seligpreisung greift Jesus die Intuition des Schreibers des 24. Psalms auf: Um berechtigt zu sein, mit dem Heiligen in Berührung zu treten, ist vor allem die Einstellung des Herzens wichtig (vgl. Psalm 24,4). Man kann deshalb festhalten, dass für Jesus die Heiligkeit als eine Realität im Herzen des Menschen verwurzelt ist.

Um Missverständnissen vorzubeugen, müssen wir die genaue Bedeutung des Wortes „Herz" in der Bibel kennen. Heutzutage steht das Herz vor allem für das Gefühl, die Emotion. In der Bibel aber ist damit eine zentrale, ganzheitliche innere Wirklichkeit gemeint. Das Herz ist der Kern eines Menschen, der Punkt, an dem alle menschlichen Sinne zusammenkommen. Es ist sowohl „Ort" des Nachdenkens als auch der Entscheidung. Wenn wir uns Fragen stellen wie: „Warum bin ich auf der Welt? Was ist der Sinn meines Lebens? Was will Gott von mir?", dann ist es im biblischen Sinne das Herz, das spricht. Und genau dort, sagt Jesus, wurzelt die Heiligkeit, dort ist sie sozusagen in ihrem natürlichen Element.

Diese Betrachtungsweise des Menschen ist für Jesus so wesentlich, dass er sehr vehement darauf reagiert, wenn sie infrage gestellt wird. Er, der doch von Natur aus so „gütig und von Herzen demütig" ist (Matthäus 11,29), zögert nicht, seine Stimme zu erheben, wenn es um das Wesentliche geht:

„Weh euch, ihr Schriftgelehrten und Pharisäer, ihr Heuchler! Ihr haltet Becher und Schüsseln außen sauber, innen aber sind sie voll von dem, was ihr in eurer Maßlosigkeit zusammengeraubt habt. Du blinder Pharisäer! Mach den Becher zuerst innen sauber, dann ist er auch außen rein. Weh euch, ihr Schriftgelehrten und Pharisäer, ihr Heuchler! Ihr seid wie die Gräber, die außen weiß angestrichen sind und schön aussehen; innen aber sind sie voll Knochen, Schmutz und Verwesung. So erscheint auch ihr von außen den Menschen gerecht, innen aber seid ihr voll Heuchelei und Ungehorsam gegen Gottes Gesetz" (Matthäus 23,25-28).

Jesus prangert die Beschränkung der Reinheit auf äußere Verhaltensweisen an, sowie die sich daraus ergebende gefährliche Spaltung in einen äußeren und einen inneren Menschen. Um diese Aufspaltung zu beschreiben, wird in allen modernen Bibelübersetzungen das Wort „Heuchelei" verwendet. Leider wird dieses Wort heute im alltäglichen Gebrauch anders verstanden, sodass nicht mehr verständlich wird, was Jesus hier kritisiert. Wir verstehen unter Heuchelei einen Mangel an Aufrichtigkeit, Jesus aber warnt vor einer Weigerung oder Unfähigkeit, den Zusammenhang zwischen dem, was in unserem Herzen ist, und unserem Handeln zu sehen. Selbst wenn wir annehmen, dass die meisten Pharisäer aufrichtig daran glaubten, dass es vor allem auf das äußerliche Verhalten ankomme, würde das nichts an der Kritik Jesu ändern. Sie sind nicht deshalb „Heuchler", weil sie nicht nach ihrer Überzeugung handelten (natürlich können manche auch in diesem Sinne Heuchler gewesen sein), sondern weil sie sich durch ihre Überzeugungen in die Irre leiten ließen. Sie erkannten nicht, dass ihnen eine vom Herzen ausgehende innere und äußere Einheit ihrer Persönlichkeit fehlte. In diesem Sinne sind sie genau wie die von Jakobus kritisierten *dipsychoi* (Jakobus 1,8; 4,8), Menschen mit „zwei Seelen", Personen, die mit sich selbst im Unreinen sind und die ihre eigene Gespaltenheit nicht sehen.

Jesu Anliegen, verstanden zu werden, wird in der folgenden ähnlich klaren Unterweisung zu diesem Thema noch einmal deutlich:

„Dann rief er die Leute wieder zu sich und sagte: Hört mir alle zu und begreift, was ich sage: Nichts, was von außen in den Menschen hineinkommt, kann ihn unrein machen, sondern was aus dem Menschen herauskommt, das macht ihn unrein. … Denn von innen, aus dem Herzen der Menschen, kommen die bösen Gedanken, Unzucht, Diebstahl, Mord … All dieses Böse kommt von innen und macht den Menschen unrein" (Markus 7,14f.21-23).

Zur Zeit Jesu war es wichtig zu betonen, dass in den Augen Gottes eine Tat an sich weniger wichtig ist als ihr Ursprung in der einzelnen Person. Heutzutage liegt die Gefahr anderswo. Da unsere westliche Welt von einem seit Jahrhunderten zunehmenden Individualismus geprägt und von der sogenannten Tiefenpsychologie beeinflusst ist, die sich aber oft nur mit der

Oberfläche der Persönlichkeitsstruktur beschäftigt, liegt die Gefahr für uns darin, das biblische Herz mit psychologischen Konzepten zu vermischen und der Selbstbeobachtung zu große Bedeutung zuzumessen. Wenn Psychologie und Glaube zu eng verknüpft werden, führt das zu neuen Brüchen. Wir sollten uns bewusst sein, dass die semitische Mentalität das Wesen nicht in Einzelteile zerlegt, sondern jedes Teil als Symbol des Ganzen betrachtet. Das biblische Herz umfasst die *ganze* Person aus dem Blickwinkel ihrer tiefsten Innerlichkeit, ihrer Fähigkeit, mit Gott in Beziehung zu treten.[14]

Konkreter formuliert: Ich glaube, viele unserer Zeitgenossen verstehen Jesu Worte über das Herz so: „Worauf es ankommt, ist meine Absicht. Wenn ich gute Absichten habe, ist der Rest nicht weiter wichtig." Sie begreifen nicht, dass diese Interpretation nicht anders ist als die der Pharisäer, nur von der umgekehrten Seite her. Die Pharisäer vernachlässigten die Absicht, die moderne Interpretation vernachlässigt die Tat. Jesus aber legt Wert auf eine Übereinstimmung von beidem, auch wenn er der inneren Dimension, die näher am Ursprung liegt, Priorität einräumt. Bei einer anderen Gelegenheit erklärt Jesus diese innere Einheit mit einem leicht verständlichen Gleichnis:

„Es gibt keinen guten Baum, der schlechte Früchte hervorbringt, noch einen schlechten Baum, der gute Früchte hervorbringt. Jeden Baum erkennt man an seinen Früchten: Von den Disteln pflückt man keine Feigen und vom Dornstrauch

14 Einige sehen im Denken Martin Luthers, vor allem in seiner Interpretation der Paulus-Schriften, den (unbeabsichtigten) Wendepunkt in dieser Verlagerung des Weltbildes. Luther las Paulus via Augustinus in einem neuen historischen Zusammenhang, in welchem die Aussagen des Apostels über die Tora und die Stellung der Nichtjuden in Gottes Plan als eine Antwort auf die existenzielle Angst des individuellen Gewissens, das die Heilsgewissheit sucht, neu interpretiert wurden. Siehe dazu den aufschlussreichen Artikel des lutherischen Bischofs Krister Stendahl, „The Apostle Paul and the Introspective Conscience of the West", im Nachdruck in seinem Buch *Paul Among Jews and Gentiles,* Philadelphia: Fortress Press, 1976.

erntet man keine Trauben. Ein guter Mensch bringt Gutes hervor, weil in seinem Herzen Gutes ist; und ein böser Mensch bringt Böses hervor, weil in seinem Herzen Böses ist. Wovon das Herz voll ist, davon spricht der Mund" (Lukas 6,43-45).

Das Wesentliche findet im Inneren des Menschen statt, aber es zeigt sich unweigerlich in äußeren Taten. Die Heiligkeit wohnt im Herzen, aber sie strahlt von dort aus und verwandelt das ganze Leben. Die wichtigste Frage ist deshalb nicht: „Wie kann ich gute Werke tun?", sondern: „Wie erlange ich ein reines Herz?" Daraus werden unweigerlich gute Taten kommen. Wer von uns, und hätte er auch nur ein kleines Maß an Selbstkenntnis, würde behaupten, ein völlig reines Herz zu haben?

Woher kommt die Reinheit des Herzens? Wie kann man sie erwerben? Zunächst einmal kann sie keiner durch seine eigene Leistung erhalten. Das liegt daran, dass einerseits kein Mensch sein Herz ganz beherrschen kann (vgl. Jeremia 17,9f) und dass andererseits das einzige Mittel zur Reinigung des Herzens das Feuer der Heiligkeit Gottes ist (vgl. Maleachi 3,1-4). Jahrhunderte vor Christus hatte ein gläubiger Mensch dies bereits erkannt; er betete deshalb: „Erschaffe mir, Gott, ein reines Herz" (Psalm 51,12). Er verstand die Reinigung seines Herzens als Schöpfungsakt, den nur der Schöpfer vollbringen konnte. Jesus seinerseits erklärt dies in einem Gleichnis, in dem er erneut das Symbol einer Pflanze verwendet, in diesem Fall das Bild eines Weinstocks:

„Ich bin der wahre Weinstock, und mein Vater ist der Winzer. ... Jede Rebe, die Frucht bringt, reinigt er, damit sie mehr Frucht bringt. Ihr seid schon rein durch das Wort, das ich zu euch gesagt habe" (Johannes 15,1-3).

Jesus erklärt seinen Jüngern, dass die „Worte des ewigen Lebens" (Johannes 6,68), die er zu ihnen spricht, in ihnen so etwas wie einen andauernden Vorgang der Reinigung auslösen, durch den sie immer mehr Frucht bringen. Ein reines Herz zu haben ist kein statischer Zustand, sondern bedeutet die Teilnahme an einem Prozess. Dieser setzt ein, wenn wir Gottes Heiligkeit annehmen und zulassen, dass sie nach und nach alle Widerstände aufzehrt, die wir Gottes Wirken entgegensetzen. „Jeder, der dies von ihm erhofft, heiligt sich, so wie [Christus] heilig ist" (1 Johannes 3,3). Für den Menschen ist es das Wichtigste, sein Herz zu öffnen („Glaubt an Gott und glaubt an mich!", Johannes 14,1) und dieser Grundhaltung treu zu bleiben („Bleibt in mir, dann bleibe ich in euch", Johannes 15,4). Es geht darum, Gottes Wort anzunehmen (Johannes 12,48) und es zu halten (Johannes 14,23; vgl. 8,31), bis es unser ganzes Sein erfüllt (*choreo*, Johannes 8,37). Alles Weitere wird als unerwartete Zugabe hinzukommen: „Wer in mir bleibt und in wem ich bleibe, der bringt reiche Frucht" (Johannes 15,5).

Paulus drückt den gleichen Sachverhalt aus, indem er das Bild des Lichts verwendet:

„Gott, der sprach: Aus Finsternis soll Licht aufleuchten!, er ist in unseren Herzen aufgeleuchtet, damit wir erleuchtet werden zur Erkenntnis des göttlichen Glanzes auf dem Antlitz Christi" (2 Korinther 4,6).

Allmählich verwandelt dieses Strahlen von Gottes Heiligkeit das Innerste unseres Herzens, sodass es dem Bild Christi immer ähnlicher wird:

„Wir alle spiegeln mit enthülltem Angesicht die Herrlichkeit des Herrn wider und werden so in sein eigenes Bild verwandelt, von Herrlichkeit zu Herrlichkeit, durch den Geist des Herrn" (2 Korinther 3,18).

ZUM NACHDENKEN

1. Lies Matthäus 6,19-21. Was ist mein Schatz? Wie kann ich „Schätze im Himmel anhäufen"?

2. „Christus zu wählen bedeutet, *einen* Weg zu gehen – und nicht zwei zugleich." Was bedeutet diese Aussage ganz konkret für mein Leben?

3. Wie zeigt uns Maria, die „alles in ihrem Herzen bewahrte und darüber nachdachte" (Lukas 2,19.51), einen Zugang zu christlicher Heiligkeit?

4. Jakobus rät den *dipsychoi* (Menschen mit zwei Seelen), ihre „Herzen zu reinigen" (Jakobus 4,8). Was sagt uns dieser Text über den Zusammenhang zwischen Reinheit bzw. Heiligkeit und innerer Einheit? Was sagt er uns über den Ursprung christlicher Einfachheit?

Leere und Erfüllung

Es ging eine Kraft von ihm aus, die alle heilte" (Lukas 6,19). In seinen Worten und Werken steht Jesus ganz auf der Linie der biblischen Offenbarung: Gottes Heiligkeit, die durch ihn wirkt, ist keine trennende Macht, sondern eine dynamische Wirklichkeit, die ihn dazu antreibt, auf andere zuzugehen. Und mehr als das, sie ist auch eine Kraft, die Körper und Seele heilt und die Fülle des Lebens denen bringt, die in Not sind. Auf geistlicher Ebene wird diese Heilung Vergebung oder Versöhnung genannt. Die Heiligkeit ist also eine Kraft, die Gemeinschaft hervorruft, eine Gemeinschaft mit Gott, die nicht anders kann, als zur Gemeinschaft unter den Menschen zu führen.

Zur selben Einsicht gelangt man auch auf einem anderen Weg. Jesus stellt sich gegen jede Fragmentierung des menschlichen Lebens und gegen die Reduktion der Religion auf Taten, die mechanisch ausgeführt werden und nicht das ganze Wesen einbeziehen. Fortwährend betont er das ganzheitliche Innere des Menschen, das von der Bibel „Herz" genannt wird. Dort wurzelt die Heiligkeit und von dort geht sie aus, um das ganze Leben zu verwandeln, wie ein Baum, der zur rechten Zeit Früchte hervorbringt. Durch seine Lehre und seine Werke versucht Jesus vor allem, die Herzen seiner Zuhörer zu erreichen und sie wachzurütteln, um eine *metanoia*[15] zu erreichen, eine radikale Umkehr der Lebenseinstellungen. Jesus zeigt damit,

---

15 Das griechische Wort *metanoia* wird oft mit „Buße" oder „Bekehrung" übersetzt, es meint aber eine Verwandlung der ganzen Lebenseinstellung, eine Neuorientierung des ganzen Seins als Folge einer Begegnung mit dem lebendigen Gott. Vgl. Markus 1,15.

dass die Heiligkeit etwas *Persönliches* ist. Was von außen zunächst als anonyme Kraft oder Energie erscheinen mag, offenbart sich im Evangelium als Konsequenz einer persönlichen *Begegnung*. Die Heiligkeit hat ihren Ursprung und ihr Ziel in einer solchen Begegnung, die nichts anderes als Gemeinschaft ist.

Indem Jesus in Wort und Tat die Bedeutung der Heiligkeit aufzeigt, bringt er zum Ausdruck, wer er in Wahrheit ist. Wir haben bereits gesehen, dass er bei seiner Taufe einen einzigartigen Namen erhält: Gottes geliebter Sohn, derjenige, dessen ganzes Wesen sich durch eine Beziehung der Liebe und Gemeinschaft mit dem Einen, den er „Abba" nennt, definiert. Von allen Evangelien drückt das Johannesevangelium diese einzigartige Identität Jesu am besten aus. Die synoptischen Evangelien lassen uns Schritt für Schritt dem Wanderprediger aus Nazaret folgen, bis wir in ihm schließlich „den Messias, den Sohn des lebendigen Gottes" (Matthäus 16,16), erkennen können. Johannes dagegen lenkt unseren Blick von Anfang an auf die Person Jesu, auf den einzigen, der Gott in seiner ganzen Fülle offenbart (Johannes 1,18; 14,6), den Ursprung des ewigen Lebens für die Welt (Johannes 3,16; 17,2).

Schon in den Titeln Jesu zeigt das vierte Evangelium seine Besonderheit. Im Johannesevangelium nennt sich Jesus nicht „Sohn Gottes", sondern einfach nur „der Sohn", wie wenn er damit sagen wollte, dass dies nicht einfach nur eine Beschreibung ist, sondern ein richtiger Name. Zudem verwendet er für Gott hauptsächlich zwei Ausdrücke, die beide eine Beziehung ausdrücken: „der Vater" und „der, der mich gesandt hat". Christus betrachtet Gott nicht als isoliertes und sich selbst genügendes Wesen, das erst nachträglich aus sich herausgeht. Im Gegenteil: Jedes Mal, wenn Jesus das Mysterium Gottes anruft, dieses Sein-in-Beziehung, wird er gleichzeitig selbst dazu bewegt, tiefer in sein eigenes Mysterium vorzudringen. Denn wenn es einen Vater gibt, dann gibt es auch einen Sohn;

wenn Gott der ist, der aussendet, dann ist da auch jemand, der gesandt wird.

Am Ende des vierten Evangeliums, als Jesus sein letztes Gebet zum Vater spricht, offenbart er in einer Art vollkommener Definition des Begriffs der Gemeinschaft die ganze Wirklichkeit dieses Seins-in-Beziehung:

„Alles, was mein ist, ist dein,
und was dein ist, ist mein."
(Johannes 17,10; vgl. 10,30; 14,11)

Da sich die beiden Partner nicht gegenüberstehen, sondern jeder im anderen ist, stellt sich an diesem Punkt sogar die Frage, ob der Begriff „Beziehung" noch angemessen ist für dieses absolute Teilen des Lebens, das wir Gemeinschaft nennen. Doch nicht so sehr die Worte, als vielmehr das richtige Verstehen der zugrunde liegenden Wirklichkeit ist das Entscheidende. Betrachten wir daher nun diese Gemeinschaft, in der das Leben Jesu verwurzelt ist und deren Merkmale wir aus den Worten, die er im Johannesevangelium spricht, ableiten können:

„Der Vater liebt den Sohn und hat alles in seine Hand gegeben" (Johannes 3,35).
„Der Sohn kann nichts von sich aus tun, sondern nur, wenn er den Vater etwas tun sieht. Was nämlich der Vater tut, das tut in gleicher Weise der Sohn. Denn der Vater liebt den Sohn und zeigt ihm alles, was er tut" (5,19f).
„Von mir selbst aus kann ich nichts tun …, weil es mir nicht um meinen Willen geht, sondern um den Willen dessen, der mich gesandt hat" (5,30).
„Glaubst du nicht, dass ich im Vater bin und dass der Vater in mir ist? Die Worte, die ich zu euch sage, habe ich nicht aus mir selbst. Der Vater, der in mir bleibt, vollbringt seine Werke" (14,10).

Bei näherer Betrachtung dieser Worte erkennen wir zwei Hauptdimensionen in der Beziehung, in der Gemeinschaft, die Vater und Sohn verbindet. Auf den ersten Blick scheinen sie einander zu widersprechen, aber dieser scheinbare Widerspruch lädt uns ein, tiefer zu schürfen.

Zunächst einmal gibt es Texte, die das beschreiben, was man den *negativen* Aspekt der Beziehung nennen könnte. Jesus ist nichts aus sich selbst heraus (Johannes 8,42); allein kann er nichts tun (5,19.30; 6,38; 8,28) und nichts sagen (7,16; 12,49; 14,10.24). Andere Abschnitte weisen auf die *positiven* Aspekte hin: Jesus besitzt alles, denn alles ist ihm vom Vater gegeben worden: das Sein (8,42; 10,36), das Leben (5,26; 6,57), die Richtergewalt (5,22.27), seine Lehre (7,16; 8,38; 12,49f; 14,24), die Herrlichkeit (8,54; 13,31f; vgl. 5,41.44). Mit anderen Worten: Jesus ist sowohl völlig arm als auch vollkommen reich. Er selbst hat nichts und verfügt doch über alles, da der Vater alle Dinge in seine Hände gegeben hat (3,35; vgl. 16,15). Er ist vollkommen gehorsam[16], stets tut er, was der Vater wünscht (8,29); *und* er handelt völlig frei, denn er weiß, dass der Vater immer auf seine Bitten hört (11,42).

Diese tiefe Verbindung zweier uns unvereinbar erscheinender Positionen ergibt sich unmittelbar aus der einzigartigen Identität Jesu: aus der Tatsache, dass er *der Sohn* ist. Jesus bringt die Wahrheit über sein Wesen gerade dadurch auf vollkommene Weise zum Ausdruck, dass er für sich selbst nichts bean-

---

16 Es ist immer heikel, im Zusammenhang mit Glaube von „Gehorsam" zu sprechen, vor allem wegen der Zweideutigkeiten, die mehr oder weniger bewusst über die Jahrhunderte hinweg tradiert wurden. Denn was käme einer ungerechten Macht gelegener als die Berufung auf eine göttliche Befugnis, um ihre Vorherrschaft zu rechtfertigen und jeden Ausdruck von Freiheit zu unterdrücken? Der traurige Schluss dieses Betrugs in der Geistesgeschichte der westlichen Welt war der Mythos eines despotischen Gottes, der erst getötet werden musste, bevor der Mensch volle geistige Reife und Freiheit erlangen konnte. In den Evangelien hat Gehorsam aber nichts mit sklavischer Ergebenheit zu tun (vgl. Römer 8,15). Das Wort muss von seiner Wurzel („horchen") her verstanden werden als vertrauensvolles Hören und Antworten.

sprucht, sondern alles als vom Vater gegeben betrachtet. Er unterwirft sich in keiner Weise einer Gewalt; vielmehr nimmt er in seiner „Selbstentäußerung" (vgl. Philipper 2,6f) den frei angebotenen und frei angenommenen Platz ein, der ihm von Ewigkeit her in der liebenden Vorsehung (*eudokia*, „guter Wille, Wohlbehagen", vgl. Epheser 1,5.9) des Vaters bestimmt ist. Der Schlüssel zum Rätsel ist die Liebe: „Der Vater liebt den Sohn ..." (Johannes 3,35; 5,20; vgl. 10,17). Jesus ist der *geliebte* Sohn (Markus 1,11; 9,7); nur die Liebe ermöglicht eine Beziehung, die letzten Endes nicht in eine Entfremdung und in die Beherrschung des schwächeren Partners durch den stärkeren mündet.

Im vierten Kapitel des Johannesevangeliums nutzt Jesus ein anschauliches Bild, um seine, menschlich gesehen, paradoxe Beziehung zu Gott zu beschreiben. Die Jünger sind mit Nahrungsvorräten aus dem Dorf zurückgekommen und wollen ihrem Meister nach der anstrengenden Reise etwas zu essen bereiten. Er antwortet ihnen: „Ich lebe von einer Speise, die ihr nicht kennt." Sie sind verwirrt, was in diesem Evangelium typisch für die Menschen ist, die die Dinge noch nicht aus Gottes Blickwinkel betrachten können (Johannes 4,31-33). Jesus spricht weiter:

„Meine Speise ist es, den Willen dessen zu tun, der mich gesandt hat, und sein Werk zu Ende zu führen" (Johannes 4,34).

Der Wille des Vaters ist nicht etwas, das Jesus unterdrückt oder ihm die Freiheit nimmt, im Gegenteil, er ist *Nahrung* für Jesus, etwas, das ihm Leben gibt und ihn mehr zu sich selbst finden lässt. Wenn er wirklich der Sohn ist, dann drückt sich seine wahre Identität darin aus, dass er frei und freudig alles annimmt, was durch den Vater auf ihn zukommt; er reagiert darauf, indem er es in die Tat umsetzt. Gott ist für ihn wirklich eine Quelle des Lebens (vgl. Johannes 6,57). Sein ganzes Dasein besteht darin, eine Beziehung des Empfangens und Gebens, eine Beziehung der Gemeinschaft auszudrücken.

Wenn Johannes mit solchen Worten die enge Beziehung zwischen Vater und Sohn beschreibt, vergisst er nicht, dass es sich um eine Beziehung handelt, die von der Heiligkeit geprägt und daher grundlegend offen für andere ist. Die Intimität geht Hand in Hand mit einer Aussendung hin zu den anderen. Das wird in den beiden bereits erwähnten Namen deutlich, mit denen Jesus Gott benennt: „Vater" und „der, der mich gesandt hat". Gleichzeitig ist Christus das Wort „am Herzen des Vaters"[17] (Johannes 1,18), das „am Anfang bei Gott war" (1,2), und auch der, der kommt (3,31; 11,27; 12,13), sowie der, der vom Vater gesandt ist (6,57; 8,42; 10,36). Die Tatsache, dass Jesus mit einem Auftrag ausgesandt wird, bedeutet aber nicht, dass er und der Vater einander nicht stets gegenwärtig wären: „Er, der mich gesandt hat, ist bei mir; er hat mich nicht allein gelassen" (8,29; vgl. 16,32).

Der einzige Sohn Gottes, Jesus, wurde in die Welt gesandt, um den Menschen das Leben zu bringen und ihnen den Weg zu öffnen zu der Beziehung, die er selbst mit dem Vater hat (Johannes 1,18; 3,16f). Durch seine Sichtbarkeit im Herzen der Menschheitsgeschichte eröffnet Jesus einen Raum, in dem die Menschen den unsichtbaren Gott betrachten können (Johannes 12,45; 14,9-11; vgl. Kolosser 1,15). Der Sohn erfüllt seine Sendung, indem er den Menschen weitergibt, was der Vater ihm übertragen hat:

„Wie mich der lebendige Vater gesandt hat und wie ich durch den Vater lebe, so wird jeder, der mich isst, durch mich leben" (Johannes 6,57).

„Was ich also sage, sage ich so, wie es mir der Vater gesagt hat" (12,50).

---

17 Wortwörtlich sollte es „in den Schoß des Vaters" übersetzt werden. Eine solche wörtliche und sperrige Übersetzung will betonen, dass Jesus nicht nur an der Seite des Vaters, sondern ihm zugewandt ist und sich ihm in einer Bewegung wachsender Intimität nähert. Ihre Beziehung ist nicht statisch, sondern reine Energie, Aktivität. „Das Feuer, das nie sagt: Genug!" (Sprichwörter 30,16).

„Wie mich der Vater geliebt hat, so habe auch ich euch geliebt" (15,9).

„Wie du mich in die Welt gesandt hast, so habe auch ich sie
in die Welt gesandt" (17,18).

Um es noch einmal anders auszudrücken: Jesus antwortet dem
Vater, indem er Verantwortung für die übernimmt, die der Vater ihm anvertraut hat.

ZUM NACHDENKEN

1. Lies Johannes 20,11-18. Was hindert Maria daran, zu erkennen, dass Jesus auferstanden ist? Wie wird sie fähig, den
auferstandenen Christus zu erkennen? Was sind die Folgen
daraus?

2. Denke noch einmal über die obigen Fragen nach und erset-
ze dabei „Maria" durch „wir/uns".

Vater, geheiligt werde dein Name!

Jesus ist „der Heilige Gottes" (Markus 1,24). Seine ganze Existenz beruht auf der Beziehung mit dem Einen, den er „Abba" nennt, einer Beziehung des Empfangens und des Antwortens. Als *der Sohn* vereint Jesus in sich vollkommenen Gehorsam und völlige Freiheit. Sein Leben ist im Wesentlichen das eines „In-Beziehung-Stehenden", eine Existenz durch und für einen Anderen. Seine Existenz für diesen Anderen, der Gott ist, drückt er dadurch aus, dass er für andere, nämlich für uns Menschen lebt. Seine Beziehung zum Vater begründet seine Verantwortlichkeit für uns.

Diese Identität Jesu, die wir soeben beschrieben haben, drückt sich in allen Worten und Werken seines Lebens aus, von denen in den Evangelien berichtet wird. Doch vor allem am Ende seines Lebens wird, all dies zusammenfassend, seine Identität voll und ganz offenbar. Um dies zu verstehen, sollten wir uns mit den folgenden rätselhaften Worten Jesu auseinandersetzen:

„Ich bin gekommen, um Feuer auf die Erde zu werfen. Wie froh wäre ich, es würde schon brennen! Ich muss mit einer Taufe getauft werden, und ich bin sehr bedrückt, solange sie noch nicht vollzogen ist" (Lukas 12,49f).

Der Täufer hatte bereits angekündigt, dass ein Stärkerer kommen werde, um das Feuer der Heiligkeit Gottes auf die Erde zu bringen (Matthäus 3,11). Obwohl Jesus bereits die Frohe Botschaft in Worten und Werken verkündet, spricht er von seinem Auftrag als etwas Zukünftigem. Und während der Täufer Johannes von dieser Taufe sagt, dass der, der kommt, sie *bewirken* werde, beschreibt Jesus sie als etwas, das er *erleiden* muss. Was bedeutet dieser Ausdruck für ihn? Ein weiterer Text hilft uns, diese Frage zu beantworten. Als ihn zwei Jünger nach den wichtigen Posten in Gottes Reich fragen, antwortet Jesus ihnen:

„Ihr wisst nicht, um was ihr bittet. Könnt ihr den Kelch trinken, den ich trinke, oder die Taufe auf euch nehmen, mit der ich getauft werde?" (Markus 10,38).

Der Kelch und die Taufe sind offensichtlich Sinnbilder für das Leiden und den gewaltsamen Tod, von denen Jesus bereits weiß, dass sie auf ihn zukommen. Wir können daher die Worte Jesu aus Lukas 12 als verhüllte Ankündigung seines Leidens und seines Todes verstehen und auch als Andeutung, dass durch die Hingabe seines Lebens das Feuer der göttlichen Heiligkeit auf der Erde entzündet wird. Obwohl Jesu ganze Existenz ein Versuch war, Gottes Heiligkeit zu offenbaren und weiterzugeben, so ist es vor allem das Ende seines irdischen Wirkens, das die endgültige Offenbarung und die vollkommene Mitteilung dieser Heiligkeit widerspiegelt.

Erneut gibt uns das Johannesevangelium die tiefste Einsicht in diese Glaubenswirklichkeit. Es zeigt den wesentlichen Zusammenhang zwischen dem Ende des Lebens Jesu und der Offenbarung der Heiligkeit. Die Texte, die davon handeln, sind allerdings äußerst komplex und voller Andeutungen, sie müssen daher langsam und aufmerksam gelesen werden. In Kapitel 12 finden wir Jesus beim Paschamahl:

„Auch einige Griechen waren anwesend – sie gehörten zu den Pilgern, die beim Fest Gott anbeten wollten. Sie traten an Philippus heran, der aus Betsaida in Galiläa stammte, und sagten zu ihm: Herr, wir möchten Jesus sehen. Philippus ging und sagte es Andreas; Andreas und Philippus gingen und sagten es Jesus" (Johannes 12,20-22).

Einige Nichtjuden („Griechen") aus der großen Mange der Pilger, die nach Jerusalem strömen, wollen mit Jesus reden. Wir fragen uns mit Recht, warum der Evangelist von einem scheinbar so unwichtigen Detail so ausführlich berichtet. Eine solche Ausführlichkeit ist im vierten Evangelium immer ein Zeichen dafür, dass Johannes dem Vorgang einen tiefen symbolischen Wert beimisst.

Wir müssen uns daran erinnern, dass das Volk Israel die Berufung zum „Volk von Priestern, einer heiligen Nation" erhalten hatte, die Berufung, ein Volk zu sein, das durch seine Existenz vor der Menschheit ein Zeugnis für das Wesen seines Gottes ablegen soll. Tatsächlich aber zeigt uns die Bibel, dass Israel diese Rolle oft nicht angemessen erfüllte. Anstatt „Gottes Namen zu heiligen", indem sie auf Gottes Wegen gingen, „missbrauchten sie den Namen Gottes" öfter durch ihre Untreue. Dennoch gab es in jeder Generation aufrechte Personen, die ihr Vertrauen auf Gottes Treue setzten. Diese Männer und Frauen waren davon überzeugt, dass Gott eines Tages eine Möglichkeit finden würde, seine Zusage wahr zu machen und seine Heiligkeit zum Leuchten zu bringen; dann würde sie von der Heiligen Stadt ausstrahlen, sodass die ganze Menschheit sie sehen kann. Von dieser Hoffnung sprachen die Propheten in leuchtenden Sinnbildern:

„Auf, werde licht, denn es kommt dein Licht,
und die Herrlichkeit des Herrn geht leuchtend auf über dir.
Denn siehe, Finsternis bedeckt die Erde
und Dunkel die Völker,
doch über dir geht leuchtend der Herr auf,
seine Herrlichkeit erscheint über dir.
Völker wandern zu deinem Licht
und Könige zu deinem strahlenden Glanz.
Blick auf und schau umher:
Sie alle versammeln sich und kommen zu dir."
(Jesaja 60,1-4; vgl. 2,2-4; Sacharja 8,20-23; 14,16)

Jetzt, in dem scheinbar unbedeutenden Ereignis, dass eine Handvoll Fremder diesen Prediger aus Nazaret sehen will, erkennt der Evangelist Johannes, dass sich diese Jahrhunderte alte Sehnsucht erfüllt. Aus diesem Grund ist die von ihm geschilderte Reaktion Jesu voller Dramatik:

„Jesus antwortete ihnen: Die Stunde ist gekommen, dass der Menschensohn verherrlicht wird" (Johannes 12,23).

Als wir uns mit der Erfahrung des Propheten Jesaja im Tempel beschäftigten, definierten wir die Herrlichkeit Gottes als das Ausstrahlen seiner Heiligkeit (Jesaja 6,3). Eines der Hauptthemen des Johannesevangeliums ist die Verkündigung eben dieser Herrlichkeit. Durch die Zeichen, die Jesus während seines Lebens wirkt, offenbart er sie all denen, die Augen haben, sie zu sehen (Johannes 2,11; 1,14). Zugleich sind diese Zeichen noch vorläufig: Sie weisen auf einen *kairos* hin, auf den kritischen Moment der endgültigen und vollkommenen Offenbarung, ein Ereignis, das Jesus „seine Stunde" nennt (2,4; 7,30; 8,20; vgl. 7,6.8). Als er sieht, dass ihn nun auch die Nichtjuden aufsuchen, erkennt Jesus, dass die Zeit gekommen ist, um durch sein Leben die Heiligkeit Gottes ganz zu offenbaren.

Aber diese Manifestation, ganz der typischen „Gesetzmäßigkeit" der göttlichen Offenbarungen folgend, wird auf völlig unerwartete Art und Weise geschehen. Um seinen Hörern deutlich zu machen, was da geschieht, greift Jesus auf ein Bild aus dem Alltag zurück:

„Amen, amen, ich sage euch: Wenn das Weizenkorn nicht in die Erde fällt und stirbt, bleibt es allein; wenn es aber stirbt, bringt es reiche Frucht" (Johannes 12,24).

Die „Verherrlichung" Jesu geschieht nicht durch eine Erhöhung, durch das Erlangen von Ehre, Ansehen oder Macht, so wie seine Gegner „ihre Ehre voneinander empfangen" (Johannes 5,44). Die Herrlichkeit des Sohnes (seine wahre Identität und die vollkommene Gegenwart der göttlichen Heiligkeit in ihm) wird offenbart durch eine Bewegung in die entgegengesetzte Richtung – durch die bedingungslose Hingabe seines Lebens, durch ein scheinbares Scheitern, das aber in Wahrheit der einzige Weg zu wirklicher Fruchtbarkeit ist. Im Folgenden zeigt Jesus die Konsequenzen dieses Verhaltens für den Menschen auf, es ist eine wichtige Lehre für seine Jünger:

„Wer an seinem Leben hängt, verliert es; wer aber sein Leben in dieser Welt geringachtet, wird es bewahren bis ins ewige Leben" (Johannes 12,25).

Wörtlich steht im Text: „Wer sein Leben *liebt*, …wer aber sein Leben *hasst* …" Um das richtig zu verstehen, muss man wissen, dass sich die semitischen Sprachen bei Vergleichen oft der Gegenüberstellung zweier gegensätzlicher Begriffe bedienen. Jesus verurteilt hier also keineswegs eine gesunde Selbstachtung und er predigt auch keinen Selbsthass. Vielmehr stellt er die Frage nach *Prioritäten*: Wer steht für uns im Zentrum unseres Universums, wir selbst oder Gott (und folglich auch alle Geschöpfe Gottes)? Wir stehen vor der Alternative, entweder aus Furcht oder aus Trägheit nur auf uns selbst zu sehen – oder aber aus Liebe zu geben und zu dienen.

Jesus strebt nicht nach Leiden und Tod als Selbstzweck, im Gegenteil, er ist „erschüttert" von dem, was ihn erwartet (vgl. Johannes 12,27), doch er ist davon überzeugt, dass dies der einzige Weg ist, um Gottes Heiligkeit der Welt zu offenbaren. Außerdem ist sich Jesus bewusst, dass auch dieser Weg, genau wie alles andere in seinem Leben, nur durch das Mitwirken dessen fruchtbar sein wird, den er „Abba" nennt. Die Hingabe seines Lebens, zu der er bereit ist, ist alles andere als ein magischer Akt, der einer einsamen „Allmacht" entspringt; sie erwächst vielmehr aus einer Gemeinschaft, die sich in einem Gebet voll Vertrauen auf den Vater ausdrückt:

„Jetzt ist meine Seele erschüttert. Was soll ich sagen: Vater, rette mich aus dieser Stunde? Aber deshalb bin ich in diese Stunde gekommen. Vater, verherrliche deinen Namen! Da kam eine Stimme vom Himmel: Ich habe ihn schon verherrlicht und werde ihn wieder verherrlichen" (Johannes 12,27f).

Das Zeichen dafür, dass dieses Gebet gehört wurde, ist die Einheit unter den Menschen, zu der seine Hingabe führen wird. Die Offenbarung der Heiligkeit wird im ganzen Universum eine noch nie da gewesene Kraft der Versöhnung freisetzen:

„Wenn ich über die Erde erhöht bin, werde alle zu mir ziehen. Das sagte Jesus, um anzudeuten, auf welche Weise er sterben werde" (Johannes 12,32f).

Die synoptischen Evangelien beschreiben diesen Weg hin zur vollkommenen Offenbarung der Heiligkeit als einen dramatischen Kampf. Am Ölberg drückt Jesus dies in einem innigen Dialog mit dem Vater aus:

„Mein Vater, wenn es möglich ist, gehe dieser Kelch an mir vorüber. Aber nicht wie ich will, sondern wie du willst" (Matthäus 26,39).

Es ist wichtig, sich darüber klar zu sein, dass dieses Gebet auf keinen Fall Ausdruck von Fatalismus oder eine Einwilligung unter Zwang ist. Jesus befindet sich hier in einer direkten Auseinandersetzung mit dem Bösen; er ist ganz in die Dunkelheit und Wirrnis eingetaucht, die durch die Zurückweisung der Liebe entsteht. In dieser undurchsichtigen, scheinbar sinnlosen, ja absurden Situation kommt Jesus aus der Sackgasse heraus, indem er seine eigene tiefste Identität wiederentdeckt und ausdrückt. Für ihn, den Sohn, kann der Weg zum Leben nur der des Vertrauens auf seinen geliebten „Abba" sein. Wie auch in anderen Situationen findet Jesus einen Ausweg, indem er den

Willen seines Vaters sucht und ihn ausführt. Auf unsere Frage, warum Jesus in diese Realität des Bösen eintauchen muss, kann die Antwort nur lauten: nicht um seiner selbst willen, sondern für uns. Hätte Jesus diese Erfahrung nie gemacht, könnten wir leicht sagen: „Sicher, er war dem Vater immer gehorsam, aber er war ja auch der einzige Sohn Gottes und wusste genau, was geschah. Für mich ist es nicht so. Ich bin oft verloren und verwirrt und weiß nicht weiter."

In Getsemani ist Jesus nicht in einer bevorzugten Lage. Er ist kein unbeteiligter Beobachter, der klar sieht und versteht, was mit ihm passiert. Sein Handeln ist daher für uns von höchster Bedeutung: Es zeigt uns einen Weg, der immer möglich ist – im Herzen der Finsternis einen Schritt des Vertrauens zu wagen.

Wenn aber das Handeln Jesu diesen Sinn haben soll, muss es eine *frei* gegebene Antwort sein, keine Pflichterfüllung. Wieder ist es der Evangelist Johannes, der diese Dimension der Hingabe Jesu am deutlichsten aufzeigt:

> „Deshalb liebt mich der Vater, weil ich mein Leben hingebe, um es wieder zu nehmen. Niemand entreißt es mir, sondern ich gebe es aus freiem Willen hin. Ich habe Macht, es hinzugeben, und ich habe Macht, es wieder zu nehmen. Diesen Auftrag habe ich von meinem Vater empfangen" (Johannes 10,17f).

Um den tiefsten Sinn des Todes Jesu zu verstehen, muss uns klar werden, dass sich Jesus nicht einer äußeren Notwendigkeit beugt. Er handelt in vollem Einklang mit seiner eigenen Identität als Sohn des Vaters. Daher kann er sowohl sagen: „Ich gebe mein Leben freiwillig hin", als auch: „Diesen Auftrag habe ich von meinem Vater empfangen." Einmal mehr besteht für Jesus als dem Sohn kein Widerspruch zwischen seinem eigenen Ich („freiwillig") und dem Willen des Vaters.

In seinem letzten Gespräch mit den Jüngern erklärt Jesus die Bedeutung dieser freien Hingabe seiner selbst von einem anderen Standpunkt aus:

„Es kommt der Herrscher der Welt. Über mich hat er keine Macht, aber die Welt soll erkennen, dass ich den Vater liebe und so handle, wie es mir der Vater aufgetragen hat" (Johannes 14,30f).

Der Tod Jesu ist keine Niederlage oder die Unterwerfung unter eine böse Macht, im Gegenteil, hier wird sie wiederum als eine Offenbarung der Identität Jesu als Gottes geliebter Sohn beschrieben. Indem er sich dem Willen des Vaters ergibt, um die Menschheit zu retten (vgl. 1 Timotheus 2,3f), verwandelt Jesus das Reich der Finsternis in eine Quelle des Lebens und der Heiligkeit.

Die gleichen Themen werden im Johannesevangelium etwas später neu aufgenommen und weiterentwickelt. Das Kapitel 17 eröffnet uns eine einzigartige Sicht auf das göttliche Leben, das Vater und Sohn teilen, indem es uns an dem großen Gebet teilnehmen lässt, das Jesus nach dem letzten Abendmahl an seinen Vater richtet. Wir dürfen sozusagen Zeugen des Innenlebens der Dreieinigkeit werden. Und hier taucht unser Thema wieder auf. Durch die Hilfe des Vaters wird die Todesstunde Jesu zur vollkommenen Offenbarung der Heiligkeit, die sich in der Gabe des Lebens in Fülle für alle Menschen konkretisiert:

„Jesus erhob seine Augen zum Himmel und sprach: Vater, die Stunde ist da. Verherrliche deinen Sohn, damit der Sohn dich verherrlicht. Denn du hast ihm Macht über alle Menschen gegeben, damit er allen, die du ihm gegeben hast, ewiges Leben schenkt" (Johannes 17,1f).

Dann erklärt Jesus, wie diese Zusammenarbeit zwischen dem Vater und ihm selbst zustande kommen wird:

„Ich habe dich auf der Erde verherrlicht und das Werk zu Ende geführt, das du mir aufgetragen hast. Vater, verherrliche du mich jetzt bei dir mit der Herrlichkeit, die ich bei dir hatte, bevor die Welt war" (Johannes 17,4f).

Diese Sätze sind sehr dicht, wir müssen sie entschlüsseln. Zunächst erklärt Jesus, dass sein ganzes Leben nichts anderes war als der Versuch, Gottes Heiligkeit auf Erden gegenwärtig und sichtbar zu machen. Und nun bereitet er sich auf die Krönung dieses Werkes vor, indem er sein Leben ganz und bis zum Ende hingibt. Im vierten Evangelium bedeutet das griechische Verb *teleioo* „beenden, erfüllen", und seine Ableitungen weisen meistens auf den Tod Jesu oder besser: auf die endgültige Hingabe seines Lebens hin (vgl. Johannes 4,34; 19,28.30; 13,1). Jesus wendet sich an den Vater und bittet ihn, so zu handeln, dass das, was er tun wird, fruchtbar wird. Wenn er gestorben ist, kann er nicht mehr Sorge für den „Erfolg" seines Werkes tragen. Auch in dieser Hinsicht hat Jesus keine Alternative, als zu vertrauen und seinen Geist ganz in die Hände des Vaters zu legen.

An einer späteren Stelle in diesem Gebet führt Jesus die Jünger in seinen Dialog mit dem Vater ein und spricht ausdrücklich von der Heiligkeit:

„Heilige sie in der Wahrheit; dein Wort ist Wahrheit.
Wie du mich in die Welt gesandt hast,
so habe auch ich sie in die Welt gesandt" (Johannes 17,17f).

Wie Jesus als Überbringer der göttlichen Heiligkeit vom Vater in die Welt gesandt wurde – wobei die Heiligkeit sowohl das Motiv als auch das Ziel seiner Sendung ist –, so sollen die Jünger nach seinem Tod dieses Werk weiterführen. Da er sie in die Welt sendet, bittet er zugleich den Vater, sie mit der Gabe der Heiligkeit auszustatten. Der folgende Vers schließt den Kreis, denn hier hören wir, dass die Jünger die Heiligkeit empfangen

werden durch Christi Lebenshingabe, durch diesen endgültigen und letzten Ausdruck seiner Heiligkeit. Leiden und Tod
des Gottessohnes sind nicht nur die vollkommene Offenbarung
von Gottes Heiligkeit, sondern sie sind auch das „Mittel",
durch das die Heiligkeit an die Menschheit weitergegeben
wird. Einmal mehr sehen wir hier, dass die Heiligkeit von
ihrem Wesen her kommunikativ ist. Sie ist keine Bewegung
der Absonderung, sondern ruft eine Art Kettenreaktion hervor:

> „Ich heilige mich für sie, damit auch sie in der Wahrheit ge-
> heiligt sind" (Johannes 17,19).

Wie in Kapitel 12 ist auch hier die Einheit, welche die Heiligkeit unter den Jüngern hervorruft, das stärkste Zeichen, aus
dem wir schließen können, dass diese Weitergabe tatsächlich
stattgefunden hat. Die Einheit ist eine Folge der Heiligkeit
(oder, wie hier gesagt wird, der „Herrlichkeit"), die der Sohn
vom Vater empfangen hat und an die Jünger weitergibt, sodass
auch ihr Leben zum Zeichen für die ganze Welt wird:

> „Alle sollen eins sein: Wie du, Vater, in mir bist und ich in dir
> bin, sollen auch sie in uns sein, damit die Welt glaubt, dass
> du mich gesandt hast. Und ich habe ihnen die Herrlichkeit
> gegeben, die du mir gegeben hast; denn sie sollen eins sein,
> wie wir eins sind, ich in ihnen und du in mir. So sollen sie
> vollendet sein in der Einheit, damit die Welt erkennt, dass du
> mich gesandt hast und die Meinen ebenso geliebt hast wie
> mich" (Johannes 17,21-23).

Am Ende dieses tiefen und intensiven Weges zeigt sich die
Heiligkeit ganz eindeutig als die göttliche Energie der Gemeinschaft.

Ein weiteres Buch im Neuen Testament, das den Zusammenhang zwischen dem Tod Christi und der Offenbarung und Weitergabe der Heiligkeit erforscht, ist der Hebräerbrief, eine Art Abhandlung für jüdische Christen. Um den Lesern die Mission Christi zu erklären, benutzt der unbekannte Autor den Gottesdienst im alten Israel als Beispiel. Für ihn ist die Liturgie des Tempels eine Art „Abbild" (Hebräer 8,5; 9,23), ein „Sinnbild" oder „Symbol" (9,9) oder sogar ein „Schatten" (8,5; 10,1) dessen, was Jesus durch sein Kommen real vollbracht hat. Es überrascht daher nicht, dass diese Schrift das Vokabular der Tempelopfer wählt und es auf Christus anwendet. Erinnern wir uns daran, dass im Alten Testament das Opfer eine Gabe darstellt, die durch die Vermittlung des Priesters dargebracht wird, um die Beziehung zu Gott auszudrücken und zu bestärken. Sowohl der Opfernde als auch die zu opfernde Gabe müssen sich in einem Zustand der Heiligkeit befinden, da sich nichts Unreines Gott zu nähern vermag. Zugleich führt das Opfer zu einem Zuwachs an Heiligkeit, da es eine tiefere Gemeinschaft zwischen den Glaubenden und ihrem Gott schafft.

Welche Beziehung besteht zwischen diesem Brauch und dem Leben Christi? Die Hingabe Jesu geschieht auf einzigartige Weise und in einem so starken Maß, dass die alten Ordnungen aufgebrochen werden und auf völlig neue Weise wieder zusammenkommen. Anstelle der Vielfalt steht die Einheit und Christus ist sowohl der Priester als auch die Gabe des einen großen Opfers:

„Er ist einer, der es nicht Tag für Tag nötig hat, wie die Hohenpriester zuerst für die eigenen Sünden Opfer darzubringen und dann für die des Volkes; denn das hat er ein für allemal getan, als er sich selbst dargebracht hat" (Hebräer 7,27).

Indem Jesus für Gott lebte, lebte er für andere, und dieses Leben in der Hingabe, das durch seinen Tod am Kreuz vollendet wurde, ist die Verwirklichung dessen, was mehr oder weniger

„unbeholfen" durch all die Opfergaben ausgedrückt wurde, die als Gottesdienst in Israel dargebracht wurden. Die freie Selbsthingabe des einzigen Sohnes Gottes und nicht das Blut eines Tieres erwirken die endgültige Vergebung für uns. Durchdrungen von Gottes Heiligkeit, treten wir in die vollkommene Gemeinschaft mit Gott ein:

> „Wir sind durch die Opfergabe des Leibes Jesu Christi ein für alle Mal geheiligt ... Denn durch ein einziges Opfer hat er die, die geheiligt werden, für immer zur Vollendung geführt" (Hebräer 10,10.14; vgl. 9,14; 13,12).

Eine solche Sprache ist heutzutage nicht leicht verständlich, aber sie sagt auf ihre Weise genau die gleiche Wahrheit, die das Johannesevangelium zum Ausdruck bringt: Mit der vollkommenen Hingabe seines Lebens am Kreuz hat uns Jesus die endgültige Teilhabe an Gottes Heiligkeit geschenkt.

ZUM NACHDENKEN

1. In unserer Untersuchung der biblischen Heiligkeit haben wir unter anderem folgende Konzepte entdeckt:
– Heiligkeit als eine Wirklichkeit, die fasziniert, beunruhigt und ein Leben verwandelt;
– als eine Bewegung zur Einheit und nicht zur Absonderung;
– als eine Macht der Heilung, der Vergebung und der Versöhnung.
Wie finden sich diese Elemente (und weitere Aspekte der Heiligkeit) in der einen großen Tat wieder, durch die Jesus sein Leben auf der Erde vollendet hat?

2. Wie führt uns die christliche Lesart von Psalm 40, die der Autor des Hebräerbriefs präsentiert (vgl. 10,1-10), zu einem besseren Verständnis der Sichtweise der Heiligkeit, die Jesus Christus vermittelt?

Die Gemeinschaft
neu entdeckt

Trotz der Vielfalt der Theologien, die wir im Neuen Testament finden, führt die Botschaft letztendlich immer zu der gleichen Erkenntnis: In der Ganzhingabe seines Lebens, die in seinem Tod am Kreuz konkret wird, bringt Jesus seine Identität vollkommen zum Ausdruck. Er ist der Sohn, dessen ganze Existenz in der liebenden Gemeinschaft mit seinem himmlischen Vater besteht, einer beständigen und dynamischen Haltung des Empfangens und Gebens. Er ist der Heilige Gottes, dessen Leben vom Feuer der Heiligkeit durchdrungen ist und der dieses Feuer an die Menschen weitergibt. Am Kreuz, in der Erfahrung des absoluten Tiefpunktes, scheint Jesu wahre Identität am klarsten durch.

Wenn wir Jesu Tod nur äußerlich betrachten, erkennen wir diese Bedeutung womöglich nicht. Sieht sein Tod nicht eher aus wie ein Scheitern, wie ein Sieg der Gewalt und des Hasses und nicht wie eine Offenbarung der Heiligkeit eines liebenden Gottes? Erinnern wir uns an das Gebet Christi, in dem er angesichts seines bevorstehenden Todes den Vater bittet, dafür Sorge zu tragen, dass seine Hingabe Frucht bringe. Rein menschlich gesprochen konnte Jesus selbst nichts mehr vollbringen, da er alles hingegeben hatte, bis in den Tod.

Stets behält der Tod seine dunkle und anstößige Natur. Daher bittet Jesus seinen Vater, das Geschehen so zu wenden, dass die wahre Bedeutung seines Todes offenbar wird.

In den Evangelien hatte der Vater schon einmal die Herrlichkeit, die seinem Sohn zukommt, für einen kurzen Moment und in Anwesenheit von nur drei Jüngern aufscheinen lassen (vgl. Matthäus 17,1-9). Es geschah „auf einem hohen Berg" (V. 1), zu der Zeit, als Jesus sich darauf vorbereitete, nach Jerusalem zu gehen und sich der Gewalt seiner Feinde auszuliefern. Angesichts der „Verklärung" ihres Meisters bekamen die Jünger „große Angst" (V. 6), so wie Mose vor dem brennenden Dornbusch oder Jesaja im Tempel. Es ist kein Zufall, dass am dritten Tag nach Jesu Tod die Reaktion die gleiche war, als einige Frauen zum Grab gingen und nicht den Leichnam fanden, sondern einen himmlischen Boten, der verkündete: „Er ist auferstanden!" (Markus 16,1-8). Der Tod Jesu war nicht der letzte Akt des Dramas, sondern führte zu einer Offenbarung des Geheimnisses Gottes, wie es sie nie zuvor in der Menschheitsgeschichte gegeben hatte. Als die Frauen und später eine Gruppe der Jünger mit der geheimnisvollen Wirklichkeit der Auferstehung konfrontiert werden, sind sie ratlos (Lukas 24,4), erschrocken (Markus 16,5), entsetzt (Markus 16,8; Lukas 24,5.37), voller Angst (Markus 16,8; Matthäus 28,4), voll Furcht (Markus 16,8) und großer Freude (Matthäus 28,8), verwundert (Lukas 24,12.41) und schließlich voll Freude (Johannes 20,20; Lukas 24,52). Diese Reaktionen sind verständlich, denn in der Auferstehung wird das Menschliche an Christus „verherrlicht", das heißt, es wird völlig durchdrungen und verwandelt von der göttlichen Heiligkeit.

Indem Gott seinen Sohn von den Toten auferweckt, greift er in das Werk Christi ein: Er begründet die wahre Bedeutung dieses Todes als Offenbarung der Heiligkeit. Daher kann Jesus infolge seiner Auferstehung „dem Geist der Heiligkeit nach" (Römer 1,4) denjenigen, die ihm nachfolgen, diese Heiligkeit unbegrenzt weitergeben. Der Evangelist Johannes spricht von dieser Mitteilung bereits am Ostertag, als der auferstandene Christus Maria aus Magdala begegnet (Johannes 20,11-18). Während seines öffentlichen Wirkens auf Erden war Maria eine der engsten Vertrauten Jesu. Nun, da er tot ist, glaubt sie natürlich, ihre Beziehung sei zu Ende. Sie ist überwältigt von Trauer und Verzweiflung und versucht, wenigstens ein paar Reste der verlorenen Beziehung, nur ein paar Erinnerungen vor der Vergänglichkeit zu retten. Ihr Leben ist der Vergangenheit zugewandt; dafür stehen das Grab und der Leichnam, zwei Symbole für das, was war und jetzt nicht mehr ist.

Diese Haltung, die zwar letztendlich vergeblich, aber doch so verständlich ist, hindert Maria daran, sich voll auf die sie umgebende Wirklichkeit einlassen zu können. Als sie das Grab betritt, bemerkt sie nicht einmal die himmlischen Boten, die Vorboten eines Neubeginns; in ihrer zwanghaften Suche nach dem Leichnam verwechselt sie Jesus selbst mit dem Gärtner. Erst als Christus sie beim Namen ruft, ist der Bann gebrochen: Die Beziehung ist wiederhergestellt und mit einem Mal ist Maria ganz gegenwärtig. Zweimal benutzt der Text den Ausdruck „sie wandte sich um" (VV. 14.16). Mit demselben Verb drückt das Hebräische auch eine Bekehrung des Herzens aus. Als Maria dem auferstandenen Herrn, der sie beim Namen ruft, gegenübersteht, antwortet sie mit einer Bewegung aus der Tiefe ihres Wesens, sie lässt die Vergangenheit hinter sich und wagt einen Neuanfang mit Christus.

Doch sie muss noch einen Schritt weiter gehen. Die neue Beziehung kann keine Kopie der früheren sein. Jesus ist auferstanden und durch Gottes Heiligkeit verwandelt. Die Gemeinschaft mit ihm ist daher mehr denn je offen und umfassend. Will Maria Magdalena in dieser Gemeinschaft bleiben, muss sie alles aufgeben, was sie zu besitzen meint und auf den Spuren des Lebendigen auf andere zugehen:

> „Jesus sagte zu ihr: Halte mich nicht fest ... Geh zu meinen Brüdern und sag ihnen: Ich gehe hinauf zu meinem Vater und zu eurem Vater, zu meinem Gott und zu eurem Gott" (Johannes 20,17).

Die Beziehung zum auferstandenen Christus macht den Jünger zu einem Apostel, einem Evangelisten, einem lebendigen Wort, das andere in Gottes Namen dazu aufruft, alle Arten der arroganten oder verzweifelten Selbstbestimmung aufzugeben und in die göttliche Gemeinschaft einzutreten. Dasselbe Muster kehrt noch einmal am selben Tag wieder. Als der auferstandene Christus am Abend des Ostertages zu den Aposteln kommt, sagt er zu ihnen: „Friede sei mit euch! Wie mich der Vater gesandt hat, so sende ich euch. Nachdem er das gesagt hatte, hauchte er sie an und sprach zu ihnen: Empfangt den Heiligen Geist! Wem ihr die Sünden vergebt, dem sind sie vergeben …" (Johannes 20,21-23; vgl. 17,18). Wie ein sanfter Hauch wird der Heilige Geist, „die Heiligkeit in Person", die Jünger auf die Wege der Welt führen, als Zeugen einer immer angebotenen Vergebung.

Diese Teilhabe an der Heiligkeit als Folge der Beziehung zum auferstandenen Christus erhält fünfzig Tage später ihre normative Ausprägung im Pfingstfest. Der Heilige Geist kommt auf die Jünger herab, die sich in Jerusalem versammelt hatten (Apostelgeschichte 2). Es ist bemerkenswert, dass diese Verwandlung der Jünger durch Zungen wie von Feuer, die sich auf jeden von ihnen niederließen (vgl. Apostelgeschichte 2,3), geschieht. Dadurch erfüllen sich die Worte des Täufers, der von einer Taufe „mit dem Heiligen Geist und mit Feuer" (Lukas 3,16; Apostelgeschichte 1,5) sprach. Nun endlich wird das Feuer der Heiligkeit Gottes auf der Erde entzündet (Lukas 12,49f). Wie schon der Prophet Jeremia (vgl. 20,9) Jahrhunderte zuvor erkannt hatte, ist es ein Feuer, das im Herzen der Menschen brennt und sie von innen heraus verwandelt, sodass sie in Gottes Namen zu den anderen sprechen können.

ZUM NACHDENKEN

In den folgenden Texten spricht der Apostel Paulus über Tod und Auferstehung Jesu nicht einfach als einem Ereignis in der Vergangenheit, sondern als einer Wirklichkeit, die das Leben der Gläubigen im Hier und Jetzt verwandelt: Römer 6,3-11 und 8,11; 2 Korinther 4,6-18; Philipper 3,3-14. Wie können uns diese Texte helfen zu verstehen, welche Bedeutung das Ostergeheimnis heute für unser Leben hat?

Person werden

Um das Konzept der Heiligkeit in der Bibel zu verstehen, diente uns als Ausgangspunkt eine *Erfahrung*, die der Mensch machen kann. Diese Erfahrung bestand im Wesentlichen in einer Begegnung mit dem Mysterium mitten im Leben, einem Ereignis, das die Menschen von ihrem gewohnten Weg abbringt und sie in eine neue und verunsichernde Welt führt. Als wir das Leben des Volkes Israel betrachteten, wurde uns die *Bedeutung* dieser Erfahrung klarer; die Heiligkeit gewann an Kontur. Und schließlich verdeutlichte uns das Neue Testament, dass Gott durch das Kommen Jesu Christi das Geheimnis seines Wesens in vollem Ausmaß offenbarte und mitteilte. In unserer weiteren Betrachtung erkannten wir auch den Fortschritt der immer weiter gehenden Selbstmitteilung Gottes, wie sie die Bibel vermittelt. Die Heiligkeit bleibt nicht im Himmel, sondern kommt zur Erde herab, hinein in die Strukturen und Verstrickungen des menschlichen Seins. Ihr Schwerpunkt wandelt sich vom individuellen Erleben hin zu einer Beziehung, die über die Zeit hinaus Bestand hat. Wurde die Heiligkeit zunächst von außen betrachtet, so wurde sie schließlich als eine Wirklichkeit des inneren Lebens erkennbar. Am Ende dieser zweifachen Bewegung des Herabkommens und der Verinnerlichung können wir darüber nachdenken, wie das Heilige unser eigenes Leben berührt. Untersuchen wir zunächst den Anfang des Epheserbriefes, die Adresszeile, in der sowohl der Absender als auch die Empfänger genannt werden:

„Paulus, durch den Willen Gottes Apostel Christi Jesu, an die Heiligen in Ephesus, die an Christus Jesus glauben" (Epheser 1,1; vgl. Philipper 1,1; 2 Korinther 1,1).

Paulus schreibt an „die Heiligen", Männer und Frauen in Ephesus. Wer sind diese „Heiligen"? Der zweite Teil des Satzes verrät es uns: Es sind diejenigen, die an Jesus Christus glauben. Der Apostel benutzt den Ausdruck „die Heiligen" nicht für eine Gruppe von „Superchristen", die engagierter sind und Gott näher stehen als andere, sondern einfach zur Bezeichnung der Mitglieder der christlichen Gemeinde, denen er schreibt. Er nennt „Heilige" diejenigen, die wir heute „Christen" nennen würden.

Im Neuen Testament sind „die Heiligen" demnach nicht eine Untergruppe des Gottesvolkes, sondern einfach eine Bezeichnung für das gesamte Volk Gottes (vgl. Exodus 19,6). Man findet den Ausdruck auch nie im Singular, um nur einen Mann oder eine Frau zu bezeichnen: Ein Mensch ist dann heilig, wenn er zu Gottes heiligem Volk gehört. Die Heiligkeit ist kein individuelles Charakteristikum, das eine bestimmte Person auszeichnet und von anderen unterscheidet; vielmehr besteht sie aus den persönlichen Beziehungen, welche die Menschen mit Gott verbinden und sie zu einer Gemeinschaft machen.

Am Anfang des Korintherbriefs finden wir eine noch genauere Bedeutung dieses Begriffs, wie er auf die Christen angewendet wird:

„Paulus, durch Gottes Willen berufener Apostel Christi Jesu, und der Bruder Sosthenes, an die Kirche Gottes, die in Korinth ist, – an die Geheiligten in Christus Jesus, berufen als Heilige ..." (1 Korinther 1,1f).

Die Aussage „die Geheiligten in Christus Jesus, berufen als Heilige" fasst die Hauptachsen der Heiligkeit im Leben der Gläubigen vortrefflich zusammen. Zu allererst ist die Heiligkeit eine Gabe. Die Bibel sagt immer und immer wieder, dass Gott allein heilig ist. Folglich ist es für die Menschen unmöglich, durch eigene Anstrengungen heilig zu werden. Gott allein kann sie heiligen. Wir haben auch gesehen, dass Gott genau das möchte: Der Gott der Bibel ist entschlossen, seine Heiligkeit den Menschen mitzuteilen. Diese Mitteilung Gottes geschieht durch die Jahrhunderte hindurch in einer geschichtlichen Entwicklung, die die Bibel erzählt und die ihren Höhepunkt in Leben, Tod und Auferstehung des Gottessohnes Jesus findet. In Jesus Christus wird uns Gottes Heiligkeit ganz und gar zugänglich.

Die Berichte über die Erscheinungen des auferstandenen Jesus zeigen uns, wie die Heiligkeit weitergegeben wird. Es handelt sich dabei nicht um einen automatischen oder mechanischen Prozess: Einzig eine *persönliche* Begegnung kann ihm Genüge tun. Jeder einzelne Christ muss den Platz einnehmen, der Maria von Magdala am offenen Grab Jesu zukam (vgl. Johannes 20,11-18). Diese Begegnung geschieht je neu in der christlichen *Taufe*. Gewiss, für diejenigen unter uns, die als Kind getauft wurden, bleibt die vollständige, tiefe Bedeutung dieses Sakraments im Verborgenen. Um es richtig zu verstehen, müssen wir die Taufpraxis in neutestamentlicher Zeit bedenken: Sie wurde auf das Ersuchen erwachsener Menschen hin gespendet.

Wie Maria aus Magdala ist der Glaubende späterer Zeiten ein Suchender. Er oder sie sucht vielleicht ganz bewusst nach einem tieferen Sinn im Leben, nach einer tieferen Wirklichkeit; vielleicht ist in ihm oder ihr eine Sehnsucht erwacht, ohne dass man genau weiß, woher sie stammt. Diese Suche oder Sehnsucht wird je nach der persönlichen Geschichte und Mentalität ganz individuelle Formen annehmen. In bestimmten Momenten lassen sich diese als „Neugier", „Heimweh" oder gar „Verzweiflung" benennen; sie können zu einer Vielfalt an Entscheidungen, Erfahrungen und Begegnungen führen. Und dann, eines Tages, berührt ein Wort das Innerste dieses Menschen: Christus hat ihn beim Namen gerufen. Die Stimme, die er in diesem Moment hört, ist ganz klar von allen anderen Stimmen zu unterscheiden. Es ist das Wort, das ihn ins Leben rief, das einzige, das in sein geheimstes Selbst einzudringen vermag, um dort eine aus der Tiefe der Seele entspringende Antwort zu wecken. Im Johannesevangelium drückt Jesus all dies im einfachen Bild des Hirten aus:

> „Wer durch die Tür hineingeht, ist der Hirt der Schafe. Ihm öffnet der Türhüter und die Schafe hören auf seine Stimme; er ruft die Schafe, die ihm gehören, einzeln beim Namen und führt sie hinaus. Wenn er alle seine Schafe hinausgetrieben hat, geht er ihnen voraus, und die Schafe folgen ihm; denn sie kennen seine Stimme. Einem Fremden aber werden sie nicht folgen, sondern sie werden vor ihm fliehen, weil sie die Stimme des Fremden nicht kennen. …
> Ich bin der gute Hirt; ich kenne die Meinen und die Meinen kennen mich. … Meine Schafe hören auf meine Stimme; ich kenne sie und sie folgen mir. Ich gebe ihnen ewiges Leben" (Johannes 10,2-5.14.27f).

Der Ruf des einen wahren Hirten löst im Leben des Menschen eine radikale Wende aus, eine *metanoia*, durch die er sein altes Leben hinter sich lässt und in das neue Leben mit Christus eintritt. Diese Wende greift so tief, dass der Apostel Paulus sie sogar mit dem Sterben vergleicht:

> „Wisst ihr denn nicht, dass wir alle, die wir auf Christus Jesus getauft wurden, auf seinen Tod getauft worden sind? Wir wurden mit ihm begraben durch die Taufe auf den Tod" (Römer 6,3-4a).

Als wir die Erfahrung der Heiligkeit in den jüdischen Schriften, unserem Alten Testament, betrachteten, bemerkten wir, dass sie für die betroffenen Personen immer auch *Furcht* bedeutete: Furcht davor, aus dem normalen Leben herausgerissen zu werden. Zu Ende gedacht, führt diese Beobachtung zur Feststellung, dass „kein Mensch [Gott] sehen und am Leben bleiben kann" (Exodus 33,20); denn die Heiligkeit übersteigt alles menschliche Vermögen. Und dennoch ersehnt der Mensch nichts so sehr wie die Begegnung mit dem Heiligen (Exodus 33,18; vgl. Psalm 42,3; Johannes 14,8). Es scheint, dass der Mensch für eine Erfüllung geschaffen wurde, die nicht nur außerhalb seiner Reichweite liegt, sondern die ihn auch gleichsam vernichten würde. Im Neuen Testament finden wir die Lösung dieses Problems. Die Gabe der Heiligkeit, die Jesus den Menschen gibt, führt tatsächlich zum Tod, aber genau wie für Christus ist auch für uns dieser Tod nicht das letzte Wort Gottes:

„Wie Christus durch die Herrlichkeit des Vaters von den Toten auferweckt wurde, so sollen auch wir als neue Menschen leben" (Römer 6,4b).

Durch Jesus wissen wir, dass die Heiligkeit (oder hier die „Herrlichkeit") vor allem lebenspendend ist. Ihre Macht in Jesus bewirkte, dass dessen Tod am Kreuz nicht das Ende bedeutete, sondern einen Weg zum Leben öffnete (Römer 1,4). Genauso ermöglicht uns die Gabe der Heiligkeit ein neues Leben, ein Leben, das „ewig" ist, eine Teilhabe am Leben Gottes selbst.

Was sind die Eigenschaften dieses neuen Lebens? Hören wir noch einmal dem Apostel Paulus zu:

„Die Liebe Christi drängt uns, da wir erkannt haben:
Einer ist für alle gestorben,
also sind alle gestorben.
Er ist aber für alle gestorben,
damit die Lebenden nicht mehr für sich leben,
sondern für den, der für sie starb und auferweckt wurde."
(2 Korinther 5,14f)

Hier wird das Leben, das der Glaubende hinter sich lässt, beschrieben als ein „Leben für sich" und das neue Leben, das nun beginnt, als „Leben für Christus". Es handelt sich im Grunde um eine Frage der Zugehörigkeit, eine Frage nach dem Fundament, auf dem der Mensch seine Identität gründet:

> „Keiner von uns lebt sich selber und keiner stirbt sich selber: Leben wir, so leben wir dem Herrn, sterben wir, so sterben wir dem Herrn. Ob wir leben oder ob wir sterben, wir gehören dem Herrn" (Römer 14,7f).

Wenn der Apostel Paulus die Taufe als Sterben mit Christus beschreibt, sollte klar sein, dass er nicht vom körperlichen Tod spricht, sondern vom Vergehen des „alten Selbst" (Römer 6,6; Kolosser 3,9; Epheser 4,22). Dieses suchte eine trügerische Unabhängigkeit (vgl. Johannes 12,25; Lukas 9,23-25; 17,33); da es sich selbst zum Zentrum seines kleinen Universums machte, konnte es nicht mehr anders, als Werke der Zerstörung und der Zerrüttung auszuführen (Kolosser 3,5-9, Epheser 4,17-31; Galater 5,19-21). Das ganz auf sich selbst bezogene Leben stirbt durch den Glauben und die Taufe und wird nach dem Bildnis Christi erneuert. Von da an leben die Glaubenden durch Gott und für Gott und für andere (Römer 6,9-11). Sie sind als Einzelne gestorben und leben nun durch und für die Gemeinschaft.

Man muss sich klar machen, dass es dabei nicht einfach um eine ethische Lebensverbesserung geht, etwa um ein bisschen mehr Großzügigkeit, es geht um nichts weniger als um eine völlige Neuschöpfung des menschlichen Daseins. Um das besser zu verstehen, können wir auf zwei alltägliche Begriffe zurückgreifen, denen wir aber eine präzise Bedeutung zuweisen.[18] Sprechen wir einerseits von *Individuum*, vom „al-

---

18 Diese Methode (die auch Buber, *Ich und Du*, S. 57-59, verwendet, obwohl bei ihm das Wort „Eigenwesen" und nicht „Individuum" benutzt wird) dient der Verständlichkeit, hat aber auch ihre Nachteile. Wir müssen daran denken, dass die Ausdrücke in diesem Buch von nun an in ihrer technischen und nicht in ihrer

ten Selbst", wie Paulus sagt, von jemand, der seine Identität aus sich selbst heraus sucht. Ein Individuum möchte – aus Naivität oder aus Verstocktheit – sein eigener Ursprung sein; es betrachtet sein eigenes Selbst als Mitte des Universums.

Andererseits wollen wir von *Person* sprechen. Eine Person findet ihre Identität *in Beziehung*, in der *Verantwortung*. Eine Person lebt aus dem unablässigen Austausch mit anderen, einem ständigen Empfangen und Geben. Geht es um die persönliche Beziehung zu Gott, dem absoluten Ursprung, dann hat auf menschlicher Seite vor allem das Empfangen Vorrang. Wir sind abhängige Wesen; um geben zu können, müssen wir zuerst empfangen. Die eben definierten Ausdrücke erlauben uns folgende zusammenfassende Feststellung: In einer Beziehung mit dem Auferstandenen, die sich durch den Glauben und die Taufe ausdrückt, stirbt der Mensch als Individuum, um als Person wiedergeboren zu werden.

Dabei dürfen wir den Zusammenhang zwischen dem neuen Leben der getauften Christen und der Identität Christi nicht vergessen. In seiner Eigenschaft als Sohn ist Christus die Person *par excellence*. Seine gesamte Existenz definiert sich in der Gemeinschaft mit dem Einen, den er „Abba" nennt. Sein Bemühen liegt darin, Gottes Willen, der seine Nahrung ist (Johannes 4,34), zu hören und seinem Vater in kindgleicher Liebe oder „Gehorsam" (Johannes 14,31) Antwort zu geben. Folglich verwandelt uns Christus in Geschöpfe, die ihm gleichen, in Geschöpfe, die Gott als ihren liebenden „Abba" erkennen (Römer 8,15; Galater 4,6), „damit [er] der Erstgeborene von vielen Brüdern sei" (Römer 8,29).

---

alltäglichen Bedeutung verwendet werden. Es ist zudem bezeichnend, dass das Wort „Person" stark von den theologischen Reflexionen der frühchristlichen Jahre beeinflusst ist. Siehe dazu den Artikel des orthodoxen Metropoliten John Zizioulas, „Personhood and Being" in seinem Buch *Being as Communion,* Crestwood NY: St. Vladimir's Seminary Press, 1985, S. 27-65. Siehe auch Philippe Cormier, *Généalogie de Personne,* Paris: Critérion, 1995, vor allem S. 161-238: Als Person „ist der Mensch nur von Gott her denkbar" (S. 209).

In ihrem persönlichen Leben erfahren die Glaubenden „negative" und „positive" Seiten, wie wir es oben mit den Worten Christi beschrieben haben (siehe S. 87).

„Niemand soll sich eines Menschen rühmen. Denn alles gehört euch; Paulus, Apollos, Kephas, Welt, Leben, Tod, Gegenwart und Zukunft: alles gehört euch; ihr aber gehört Christus, und Christus gehört Gott" (1 Korinther 3,21-23).

Indem die Existenz der Glaubenden durch Christus ganz in dieser Gemeinschaft mit Gott verwurzelt ist, „gehört" ihnen alles. In der Sprache der Bibel werden sie als Erben aller Schätze Gottes bezeichnet (Galater 3,15-4,7; Römer 8,17; Hebräer 6,12.17; 9,15). Außerhalb dieser Gemeinschaft aber sind sie nichts und besitzen nichts. Ihre authentische Lebensgrundlage findet sich in der christlichen Demut – in der Überzeugung, dass alles Gabe ist.

Diese Gabe des In-Beziehung-Stehens ist nichts anderes als die Gabe göttlicher Heiligkeit, als die Person des Heiligen Geistes. Wir haben bereits gesehen, dass der Bericht des ersten christlichen Pfingstfestes den Empfang der Heiligkeit sehr dramatisch darstellt: „Es erschienen ihnen Zungen wie von Feuer, die sich verteilten; auf jeden von ihnen ließ sich eine nieder. Alle wurden mit dem Heiligen Geist erfüllt ..." (Apostelgeschichte 2,3f). Der auferstandene Christus sendet auf seine Jünger die personifizierte Heiligkeit herab, Gottes Geist, der das Gesetz des Neuen Bundes mit feurigen Buchstaben in ihre Herzen hineinschreibt. Aber das Pfingstfest in Jerusalem ist alles andere als ein einmaliges, für sich allein stehendes Ereignis. Es ist der Anfang eines Prozesses, der sich durch die ganze Geschichte der christlichen Kirche zieht. Das Feuer, das Christus damals entzündet hat (vgl. Lukas 12,49), wird durch die Jahrhunderte hindurch von einer Person zur nächsten weitergegeben. Es erreicht jeden Glaubenden durch die Taufe (vgl. Apostelgeschichte 2,38). Vielleicht nennt Johannes dieses Sakrament deshalb „die Salbung von dem, der heilig ist" (1 Johannes 2,20).[19]

Um die Gabe der Heiligkeit zu beschreiben, welche die Glaubenden empfangen, benutzt der Apostel Paulus einen Ausdruck aus dem Gottesdienst seines Volkes. Für die Juden war in biblischer Zeit der Tempel in Jerusalem der hauptsächliche Wohnsitz der Heiligkeit Gottes. Natürlich waren sie sich bewusst, dass der Gott Israels nicht in einem Haus lebt, das von Menschenhand gebaut war (2 Samuel 7,5ff; 1 Könige 8,27; Jesaja 66,1; vgl. 57,15). Und dennoch spielte der Tempel, angelegt als eine Reihe von konzentrischen Kreisen um das Zentrum, das „Allerheiligste", eine bedeutende Rolle in der Frömmigkeit des jüdischen Volkes. Man pilgerte zum Tempel, um in die Gegenwart des Heiligen einzutreten, um Opfer zu bringen und um Feste zu feiern. In einem Lied wie dem Psalm 122 wird die Freude eines Glaubenden auf seiner Pilgerreise zum Tempel treffend dargestellt:

„Ich freute mich, als man mir sagte:
Zum Haus des Herrn wollen wir pilgern. ...
Wegen des Hauses des Herrn, unseres Gottes,
will ich dir Glück erflehen." (Psalm 122,1.9)

Die Beziehung Jesu zum Tempel ist recht komplex. Einerseits hat er natürlich nichts gegen den Bau an sich. Er ehrt ihn, lehrt dort (Markus 11,27; 12,35; Johannes 7,14; 8,2 u. ö.) und heilt Kranke (Matthäus 21,14). Einmal reinigt er ihn in einer dramatischen Geste, wie sie die Propheten der alten Zeit kannten (Matthäus 21,12; Johannes 2,14-16; vgl. Maleachi 3,1-4; Sacharja 14,21; Jeremia 7,1-15), um so die wahre Berufung des Heiligtums zu verdeutlichen: Es soll „ein Haus des Gebetes für alle Völker" sein (Markus 11,17; vgl. Jesaja 56,7). Andererseits relativiert die bloße Gegenwart der Person Jesu den An-

---

19 Tatsächlich ist dieser Ausdruck etwas rätselhaft. Bezieht er sich auf die Wassertaufe, auf eine Salbung mit Öl vor oder während der Wassertaufe oder ist er einfach nur ein Bild, um das Wirken des Geistes zu beschreiben?

spruch des Tempels, der privilegierte Ort für die Begegnung mit dem Heiligen zu sein. Von nun an zählt diese Institution nicht mehr zu den endgültigen Glaubenswahrheiten (Lukas 21,5f; vgl. Matthäus 12,6; Markus 15,38). Es überrascht daher nicht, dass diejenigen, deren sichere Stellung und Autorität mit dem Tempel verknüpft ist, sich von dem Propheten aus Nazaret bedroht fühlen. Für sie ist es ein Leichtes, einige rätselhafte Aussagen Jesu über den Tempel zu verdrehen und in seiner Verhandlung als Hauptanklagepunkte gegen ihn vorzubringen:

> „Wir haben ihn sagen hören: Ich werde diesen von Menschen erbauten Tempel niederreißen und in drei Tagen einen anderen errichten, der nicht von Menschenhand gemacht ist" (Markus 14,58; vgl. Apostelgeschichte 24,6).

Das Johannesevangelium erklärt, wie diese Worte eigentlich gemeint waren: „Er meinte den Tempel seines Leibes" (Johannes 2,21), die irdische Hülle der göttlichen Heiligkeit.

Der Apostel Paulus greift dieses Thema im ersten Korintherbrief auf:

> „Wisst ihr nicht, dass ihr Gottes Tempel seid und der Geist Gottes in euch wohnt?
> Wer den Tempel Gottes verdirbt, den wird Gott verderben. Denn Gottes Tempel ist heilig, und der seid ihr" (1 Korinther 3,16f; vgl. 2 Korinther 6,16; Epheser 2,21f).

Ihr seid der Ort, an dem die Heiligkeit wohnt, sagt Paulus den Christen, denn Gottes Geist wohnt in euch als die Quelle eures neuen Lebens. Die Perspektive des Paulus ist gemeinschaftlich und nicht individuell, denn diejenigen, die den Tempel zerstören, sind Menschen, die Uneinigkeit in die Gemeinschaft der Glaubenden bringen (vgl. 1 Korinther 1,11-13; 3,3). Um ihnen die gewichtigen Konsequenzen ihres Handelns deutlich zu machen, vergleicht er ihr Tun mit einem Sakrileg, was zu biblischer Zeit als besonders schweres Verbrechen galt und mit der Todesstrafe geahndet wurde.

Einige Verse weiter im selben Brief nimmt Paulus das Bild erneut auf, benutzt es nun aber auf die einzelne Person bezogen:

„Wisst ihr nicht, dass euer Leib ein Tempel des Heiligen Geistes ist, der in euch wohnt und den ihr von Gott habt? Ihr gehört nicht euch selbst" (1 Korinther 6,19).

In ihrem konkreten Dasein in der Welt (das ist oft gemeint, wenn der Apostel Paulus vom „Leib" spricht) tragen die Glaubenden den Heiligen Geist Gottes in sich wie einen Schatz in einem irdenen Gefäß (2 Korinther 4,7). Folglich müssen sie sich bewusst sein, dass sie nicht länger sich selbst gehören, sondern dass ihr Leben eine Bedeutung hat, die weit über das hinausreicht, was in ihrer eigenen Kontrolle und dem von ihnen überschaubaren Bereich liegt. Der Ausdruck „ein Tempel des Heiligen Geistes" verbindet sich so mit dem Wechsel des „alten Selbst" zur „neuen Menschwerdung" in Christus. Wir, die Träger der Gabe der Heiligkeit, leben nicht mehr in einer selbstbezogenen, autonomen Welt. Unser gesamtes Dasein bekommt eine personale Dimension, das heißt, es wird zu einer im Innern beginnenden Bewegung des Empfangens und Gebens. Die Glaubenden erfahren einen radikalen Perspektivenwechsel: Ihr Körper umfängt nicht mehr einen „privaten" Raum. Indem sie zur Wohnung des Heiligen Geistes werden (vgl. 2 Timotheus 1,14), gehört ihnen ihr Herz nicht mehr als Privatbesitz, sondern wird zur Öffnung nach innen, zu einem „Fenster in die Ewigkeit".

ZUM NACHDENKEN

Was sagen uns die folgenden Texte über die Aufgabe, eine verantwortungsbewusste Person nach dem Bild Christi zu sein: Philipper 2,1-11; Lukas 12,35-48; Römer 12; Hebräer 10,1-10?

Berufen zur Heiligkeit

„Berufen als Heilige", so heißt es im ersten Korintherbrief (1,2). Wenn die Heiligkeit für den Menschen vor allem eine Gabe ist, dann bedeutet diese Gabe, wie bei Maria, gleichzeitig auch einen Ruf. Christus ruft uns auf, unsere Identität in einer Beziehung mit ihm selbst zu finden, *Personen* zu werden, In-Beziehung-Stehende. Er lädt uns zur *Verantwortung* ein, dazu, unser Leben zu einer Antwort auf die Gabe oder den Ruf zu machen, die wir empfangen haben. Im Gleichnis der Talente (Matthäus 25,14ff) erklärt Jesus, dass Gottes Gaben nicht mit menschlichen vergleichbar sind: Man kann sie nur behalten, indem man sie in die Tat umsetzt. Die Gabe der Heiligkeit, die vom Vater durch die Passion seines Sohnes auf uns kommt und die aus der inneren Gegenwart des Heiligen Geistes besteht, ist wie ein Samenkorn, das wachsen und Frucht bringen muss. In einem anderen Bild ausgedrückt: Die winzige Flamme der Heiligkeit, die in unseren Herzen entzündet wurde, muss alles in ihrer Reichweite als Nahrung verzehren, um zu einem Feuer zu werden, das all unsere Selbstbezogenheit tilgt und um uns herum Wärme und Licht ausstrahlt. Dies ist sicher eine Aufgabe für das ganze Leben. Die Gabe, die wir im einmaligen Ereignis der Taufe empfangen haben, ist der Ausgangspunkt eines nicht endenden Prozesses, in dem wir „von einem Anfang zum nächsten gehen in Anfängen ohne Ende" (Gregor von Nyssa, 4. Jh.).[20]

20 Dieser innere Prozess ist die Grundlage der kirchlichen Sakramente, er hat eine ganz eigene Logik. Ein Sakrament ist nicht nur ein Ausgangspunkt und noch viel weniger nur symbolischer Ausdruck einer Glaubenswirklichkeit. Auf einer sehr tiefen Ebene ist es im Keim eine Begegnung mit Christus in seiner Passion, in der er alles hingibt ... Dieses „alles" braucht ein ganzes Leben, um zur Reife zu kommen. Kein menschliches Konzept oder Modell kann adäquat beschreiben, was ein Sakrament wirklich ist.

Wenn wir auch Heilige *sind*, weil der Heilige Geist in uns wohnt, liegt es dennoch an uns, Heilige zu *werden*, indem wir diese Gegenwart in die Entscheidungen und Handlungen unseres Alltags übersetzen. Die wichtigste Frage ist, wie wir dieses neue Leben, das in der Beziehung mit dem dreieinigen Gott wurzelt, in unserem Dasein konkretisieren können. Das Neue Testament gibt nur *eine* Antwort auf diese Frage, drückt sie aber auf vielfältige Weise aus. Eine der klarsten Formulierungen findet sich im ersten Johannesbrief:

> „Liebe Brüder, wenn Gott uns so geliebt hat, müssen auch wir einander lieben. Niemand hat Gott je geschaut; wenn wir einander lieben, bleibt Gott in uns und seine Liebe ist in uns vollendet. … Wenn jemand sagt: Ich liebe Gott!, aber seinen Bruder hasst, ist er ein Lügner. Denn wer seinen Bruder nicht liebt, den er sieht, kann Gott nicht lieben, den er nicht sieht" (1 Johannes 4,11-12,20).

Nach dem Maßstab der Evangelien kann die Echtheit unserer Beziehung mit Gott nur durch die Beziehungen, die wir mit unseren Mitmenschen haben, bewiesen werden. Zu Gott gehören bedeutet zu entdecken, dass wir wahrhaftig Mitglieder der menschlichen Gemeinschaft sind, dass die Verbindungen zwischen uns echt und nicht nur ideologische Kopfgeburten sind. Gott eine Antwort zu geben bedeutet, Verantwortung für all diejenigen zu übernehmen, die Gott uns anvertraut hat: „Was ihr für einen meiner geringsten Brüder getan habt, das habt ihr mir getan" (Matthäus 25,40).

In seinen Schriften definiert der Evangelist Johannes die Art des menschlichen Verhaltens, die Gottes Heiligkeit am besten widerspiegelt, als *Liebe*, die in seinen Augen im Wesentlichen *gegenseitige* Liebe ist („einer den anderen, Brüder und Schwestern"). Zum gleichen Ergebnis kommen wir, wenn wir in den Evangelien die Interpretation des Gebotes betrachten, welches das „Gesetz der Heiligkeit" in der Tora des Mose zusammenfasst:

„Seid heilig, denn ich, der Herr, euer Gott, bin heilig" (Levitikus 19,2).

In zwei der synoptischen Evangelien kommentiert Jesus indirekt dieses Gebot. Bei Lukas lesen wir:

„Seid barmherzig, wie es auch euer Vater ist!" (Lukas 6,36).

Und bei Matthäus heißt es:

„Ihr sollt also vollkommen sein, wie es auch euer himmlischer Vater ist" (Matthäus 5,48).

Untersuchen wir diesen Vers im Zusammenhang (Matthäus 5,43-48), wird klar, dass mit „Vollkommenheit" nicht das völlige Freisein von Fehlern oder eine untadelige moralische Strenge gemeint ist, sondern vor allem eine Liebe, die so weit geht, dass sie auch diejenigen umfasst, die uns nicht wieder lieben. Die Vollkommenheit in der Liebe, die hier gemeint ist, wird auch Vergebung genannt.

Jesus beschreibt die Heiligkeit als Barmherzigkeit, als eine Liebe, die nicht dadurch entkräftet oder zerstört wird, dass der andere sich weigert, sie anzunehmen. Obwohl Gottes Liebe nach einer Erwiderung sucht, um „zur Vollendung zu gelangen" (1 Johannes 4,12; 2,5), lässt sie sich dennoch nicht von der Haltung oder dem Verhalten des Empfängers bestimmen: Sie ist reine Freigebigkeit. Der Apostel Paulus bringt diese beiden Linien in Einklang, indem er den engen Zusammenhang zwischen Heiligkeit und Liebe erklärt:

„Euch lasse der Herr wachsen und reich werden in der Liebe zueinander und zu allen, wie auch wir euch lieben, damit euer Herz gefestigt wird und ihr ohne Tadel seid, geheiligt vor Gott, unserem Vater, wenn Jesus, unser Herr, mit allen seinen Heiligen kommt" (1 Thessalonicher 3,12f).

Indem das Leben der Glaubenden in der Heiligkeit verwurzelt ist, wächst die Liebe sowohl bei den Mitgliedern der Gemeinschaft als auch bei denjenigen, die noch nicht zur Gemeinschaft gehören.

Ist ein geheiligtes Leben vor allem ein Leben in Liebe und Vergebung, so wird verständlich, warum die Christen von Anfang an ihren Glauben nicht als eine exklusive, individuelle Gemeinschaft mit Christus lebten, sondern untereinander Bindungen aufbauten. Schon während Jesu Leben auf der Erde formten die Jünger eine Gemeinschaft, die eine gewisse Struktur hatte. Nach der Auferstehung entwickelte sich dieses gemeinschaftliche Leben weiter und breitete sich aus.

Warum leben wir unseren Glauben gemeinsam mit anderen?

Zunächst einmal ist es für uns als Jünger Jesu leichter, die Anforderungen, die ein solches Leben beinhaltet, zu meistern, wenn wir nicht allein sind, sondern die Unterstützung von anderen haben. Das Evangelium fordert uns in so vielen Bereichen auf, gegen die Gewohnheiten und Vorurteile der uns umgebenden Gesellschaft zu leben, dass es für einen Einzelnen schwer ist, Mut und Hoffnung zu bewahren.

Aber die wirkliche Begründung für das Leben in christlicher Gemeinschaft liegt auf einer viel tieferen Ebene. Ein gemeinsames Leben ist nichts weniger als ein Ausdruck des neuen Lebens im Heiligen Geist, der uns durch Christus vermittelt wird. Unsere persönliche Beziehung zu Gott durch Christus wird konkret in unseren Beziehungen zu anderen; wir gehören zu einer Gemeinschaft, zur Gemeinschaft der Glaubenden.

Es ist also kein Zufall, dass sich die Christen von Anfang an in einer Gemeinschaft versammelten, die gleichzeitig lokal und universal war; sie wurde Kirche (im Griechischen *ekklesia*, „Versammlung, Zusammenkunft") genannt. Die Kirche ist kein unverbindliches Angebot im Rahmen ihres Glaubenslebens, sondern die unvermeidliche Konsequenz dieses Lebens.

Eine Person zu sein bedeutet, seine Identität darin zu entdecken, dass man einer Gemeinschaft angehört, die im Ruf Gottes wurzelt und eine solche Dynamik entwickelt, dass sie sich ausbreitet, bis sie die ganze Menschheitsfamilie und sogar die gesamte Schöpfung Gottes umschließt. Die Kirche, die Gemeinschaft derer, die bereits im Glauben und in der Taufe auf den Ruf geantwortet haben, ist ein konkreter, „sakramentaler" Ausdruck für diese im Werden begriffene universale Gemeinschaft.

Das Neue Testament stellt die Wirklichkeit der Kirche in einer Reihe von Bildern dar. Um die verschiedenen Dimensionen der Heiligkeit im Leben der Glaubenden zu beschreiben, greift der Apostel Petrus in seinem ersten Brief erneut das Bild des Tempels auf und spricht von der Heiligkeit als Gabe und Ruf, sowie von der persönlichen wie gemeinschaftlichen Heiligkeit:

„Kommt zu ihm, dem lebendigen Stein, der von den Menschen verworfen, aber von Gott auserwählt und geehrt worden ist. Lasst euch als lebendige Steine zu einem geistigen Haus aufbauen, zu einer heiligen Priesterschaft, um durch Jesus Christus geistige Opfer darzubringen, die Gott gefallen" (1 Petrus 2,4f).

In diesem neuen Tempel ist jeder von uns ein „lebendiger Stein", und mit Christus als Eckstein bilden wir ein geistiges Gebäude. Gottes Heiligkeit wohnt also nicht in einem materiellen Bau, sondern in der Gemeinschaft der Glaubenden (vgl. 1 Korinther 3,16f). Dann wechselt der Autor zu einem anderen Bild. Wir sind nicht nur die Steine des neuen Tempels, sondern gleichzeitig auch die Priester, die darin Opfer bringen. Der Ruf zu einem heiligmäßigen Leben wird im Bild des Opferbringens ausgedrückt. Dabei geht es nicht um das Opfer von Schafen und Ziegen, sondern um „geistige Opfer"; denn in der Nachfolge Christi und unter dem Einfluss des Heiligen Geistes ist unser ganzes Leben dazu bestimmt, eine Gabe an Gott zu sein.

Wie machen wir unser Leben zu einem „Opfer"? Der Apostel Paulus gibt uns dafür in einem seiner Schlüsseltexte die richtigen Hinweise:

„Angesichts des Erbarmens Gottes ermahne ich euch, meine Brüder, euch selbst als lebendiges und heiliges Opfer darzubringen, das Gott gefällt; das ist für euch der wahre und angemessene Gottesdienst. Gleicht euch nicht dieser Welt an, sondern wandelt euch und erneuert euer Denken, damit ihr prüfen und erkennen könnt, was der Wille Gottes ist: was ihm gefällt, was gut und vollkommen ist" (Römer 12,1f).

Paulus gibt uns weder eine Liste mit Geboten und Verboten noch eine Aufzählung von Regeln, denen wir blindlings gehorchen sollen. Er ermutigt uns, nicht der Mode und den Werten der gegenwärtigen Gesellschaft zu folgen, sondern danach zu trachten, Gottes Willen für uns selbst zu entdecken. Es ist ein Aufruf, verantwortungsvoll zu handeln, statt der Masse nachzueifern. Paulus vertraut auf das eigene Urteilsvermögen der Glaubenden und auf die Gabe des Heiligen Geistes, die sie empfangen haben:

„Denn uns hat es Gott enthüllt durch den Geist. Der Geist ergründet nämlich alles, auch die Tiefen Gottes. Wer von den Menschen kennt den Menschen, wenn nicht der Geist des Menschen, der in ihm ist? So erkennt auch keiner Gott – nur der Geist Gottes. Wir aber haben nicht den Geist der Welt empfangen, sondern den Geist, der aus Gott stammt, damit wir das erkennen, was uns von Gott geschenkt worden ist. Davon reden wir auch, nicht mit Worten, wie menschliche Weisheit sie lehrt, sondern wie der Geist sie lehrt, indem wir den Geisterfüllten das Wirken des Geistes deuten. Der irdisch gesinnte Mensch aber lässt sich nicht auf das ein, was vom Geist Gottes kommt. Torheit ist es für ihn, und er kann es nicht verstehen, weil es nur mit Hilfe des Geistes beurteilt werden kann. Der geisterfüllte Mensch urteilt über alles, ihn aber vermag niemand zu beurteilen. Denn wer begreift den Geist des Herrn? Wer kann ihn belehren? Wir aber haben den Geist Christi" (1 Korinther 2,10-16).

Achtet auf die Gegenwart Gottes in der Tiefe eures Herzens, sagt hier Paulus den Glaubenden, sie wird euch den Weg zeigen, den ihr gehen sollt. Auch Johannes erinnert uns daran, dass diese innere Gegenwart nichts anderes ist als der Geist der Heiligkeit. Über die Taufe schreibt er seiner Gemeinschaft: „Ihr habt die Salbung von dem, der heilig ist, und ihr wisst alles" (1 Johannes 2,20 [andere Lesart]; vgl. 2,27; 1 Thessalonicher 4,9). Es muss aber hinzugefügt werden, dass der Standpunkt beider Apostel strikt gemeinschaftlich ist. Sie predigen alles andere als einen ethischen Individualismus: Nur miteinander, nur als Mitglieder einer Gemeinschaft, in der jede Person eine besondere Gabe empfangen hat, werden die Christen herausfinden, worin Gottes Wille besteht. Diejenigen, die ihre eigenen Eingebungen als Vorwand nutzen, um sich von ihren Brüdern und Schwestern zu distanzieren, beweisen durch ihr Verhalten, dass der Geist, in dem sie handeln, nicht von Gott stammt (1 Johannes 2,19; vgl. 2,11). Die gemeinschaftliche Urteilsbildung ist unverzichtbar (1 Johannes 4,1).

Im Hebräerbrief lesen wir von zwei Aspekten des „Opfers" eines Christen, dem *Gebet* und dem *Teilen aller Güter* (Hebräer 13,15f). Als Heilige zu leben bedeutet, zwei Aspekte der einen Gemeinschaft zu leben: mit Gott und unter den Menschen. Schließlich definiert der Epheserbrief das Opfer, und damit die Hingabe des Selbst, als ein Leben der Liebe in der Nachfolge Christi, in der Nachahmung Gottes:

„Ahmt Gott nach als seine geliebten Kinder, und liebt einander, weil auch Christus uns geliebt und sich für uns hingegeben hat als Gabe und als Opfer, das Gott gefällt" (Epheser 5,1f).

Zusammenfassend können wir sagen: Wenn die Heiligkeit vor allem eine Gabe Gottes ist, die Gabe des Heiligen Geistes Gottes, dann wird sie im Leben eines Glaubenden zu einem Ruf, so zu leben, dass sie sich ausbreitet, bis sie sein ganzes Leben durchdringt. Im Neuen Testament ist dies nicht nur eine Aufgabe des Einzelnen; der Ruf zur Heiligkeit ist vielmehr an die ganze Gemeinschaft der Christen gerichtet. Die Kirche ist dazu berufen, so wie zuerst das Volk Israel (aber auf innerlichere Weise) ein „heiliges Volk" zu sein, das der Welt durch sein Leben ein Bild von Gott als einem Gott der Gemeinschaft bietet: ein „Tempel", der alle Menschen zusammenführt, um darin Gott zu dienen und ihn anzubeten; ein „brennender Dornbusch", der am Wegrand steht, um alle Menschen, die vorübergehen, zum Abenteuer der Heiligkeit einzuladen.

ZUM NACHDENKEN

1. In 2 Korinther 3,4-4,6 erklärt der Apostel Paulus, wie Gottes Herrlichkeit durch seine apostolische Mission in der Welt durchscheint, und das sogar noch stärker als im Leben des Mose. Anschließend beschreibt er in 4,7-15, was dies für ihn selbst bedeutet. Wie hilft uns dieser Text, unseren eigenen Glaubensweg auf den Spuren Christi zu verstehen? Wie scheint Gottes Heiligkeit durch unser Leben in die Welt?

2. Wie hilft uns das Zitat des Wüstenmönchs (s. S. 12), besser zu verstehen, was der Ruf zur Heiligkeit bedeutet?

3. Wie können wir dazu beitragen, dass unsere christlichen Gemeinschaften zu „brennenden Dornbüschen" werden, sodass andere dort Gottes Heiligkeit erkennen?

Teil der Familie Gottes

D as Neue Testament sagt uns unmissverständlich, dass diejenigen, die auf den Ruf Christi antworten und ihre Identität in einer Gemeinschaft mit Gott finden, diese Verbindung in ihren Beziehungen mit ihren Mitmenschen leben, besonders mit denen, die auf den gleichen Ruf gehört haben wie sie. Miteinander bilden sie die Gemeinschaft, die sich Kirche nennt. Sie ist durch das miteinander geteilte Leben ihrer Mitglieder dazu berufen, ein unwiderlegbares Zeichen für das neue Leben zu sein, das in der Gemeinschaft mit Gott – Vater, Sohn und Geist – verwurzelt ist: „Daran werden alle erkennen, dass ihr meine Jünger seid: wenn ihr einander liebt" (Johannes 13,35; vgl. 17,21.23).

Diese Gemeinschaft ist kein exklusiver Verein oder eine privilegierte Elitegruppe. Gott bietet seine Liebe allen an (vgl. 1 Timotheus 2,4), aber diejenigen, die bereits den Ruf gehört haben, werden dazu geführt, ihre neue Identität als Person in der Art und Weise auszudrücken, wie sie mit anderen zusammenleben. Nur wo gegenseitiges Geben und Empfangen herrscht, kann wahrhaftiges Gemeinschaftsleben entstehen. Hier muss natürlich hinzugefügt werden, dass die christliche Kirche, so wie sie sich inmitten einer Geschichte von Verweigerungen und Spaltungen darstellt, nie ganz dem entspricht, was sie eigentlich ist. Das Matthäusevangelium spricht davon sehr deutlich in den Gleichnissen vom Weizen und vom Unkraut, die sich im selben Feld mischen (Matthäus 13,24-30), sowie im Gleichnis von dem Netz, in dem sich „Fische aller Art" verfangen (Matthäus 13,47-50). Gerade weil sich die Kirche auf der Entdeckung der wahrhaftigen Freiheit gründet, die aus der liebenden Beziehung mit einem persönlichen Gott und den daraus entstehenden Beziehungen unter den Menschen kommt, kann sie sich nicht als monolithischer Einheitsblock darstellen, sonst würde sie sich selbst verleugnen. Dennoch ist innerhalb der Gemeinschaft derer, die an Christus glauben, der Sauerteig der Heiligkeit am Werk; unaufdringlich, aber wirksam lässt er den Teig der Menschlichkeit aufgehen. So erstaunlich die Aussage auch klingen mag, diese Gemeinschaft ist tatsächlich der einzige Ort der Welt, an dem sich ein Leben entfalten kann, das sowohl ganz persönlich wie auch ganz universal ist.

Eines der Bilder, mit denen das Neue Testament die Kirche beschreibt, ist das Bild der Familie. Die moderne Gesellschaft ist pluralistisch, es gibt unzählige Institutionen und Gruppierungen, in denen Menschen zusammenkommen und Identität und Sicherheit finden. In der antiken Welt waren die Familienbande die bei weitem wichtigsten. Die Menschen existierten sozusagen nur insoweit, als sie ihren Platz in der Großfamilie einnahmen. Bedenkt man dies, ist man nicht überrascht, dass die frühen Christen die Veränderung, die sich durch die Taufe in ihnen vollzog, als den Eintritt in eine neue Familie, die universale Familie Gottes, beschrieben.

Die frühen Christen verwendeten, wenn sie über ihr Leben sprachen, gleichsam spontan Ausdrücke aus dem Bereich der Familie. Sie nannten sich „Brüder und Schwestern" (Apostelgeschichte 1,15; 6,3; Römer 16,1; 1 Korinther 16,12.20; Kolosser 1,1f u. ö.). An dieser Stelle können wir auch an einige Aussagen des auferstandenen Christus denken (vgl. Matthäus 28,10; Johannes 20,17). Auf jeden Fall verstanden die Christen, dass sie durch ihren Glauben an Christus und durch die Gabe des Heiligen Geistes, die sie empfangen hatten, in dieselbe Beziehung eintraten, die Christus mit Gott hat. Deshalb hielten sie es auch für angemessen, Gott als ihren „Abba" zu bezeichnen (Galater 4,6; Römer 8,15) und Jesus als älteren Bruder anzusehen (vgl. Römer 8,29; Hebräer 2,10-18). Als Folge ihrer Gemeinschaft mit *dem Sohn* wurden sie zu Söhnen und Töchtern Gottes.

Während seines irdischen Lebens benutzte Jesus in seinen Predigten ebenfalls Ausdrücke aus dem Familienleben, um den radikalen Neuanfang zu beschreiben, der von denen verlangt wurde, die auf seinen Ruf hörten:

„Wer Vater oder Mutter mehr liebt als mich, ist meiner nicht würdig, und wer Sohn oder Tochter mehr liebt als mich, ist meiner nicht würdig" (Matthäus 10,37).

Es ist offensichtlich, dass Jesus seine Jünger nicht anwies, ihre Verwandten nicht mehr zu lieben oder für sie zu sorgen. Das entscheidende Wort ist nicht „lieben", sondern „mehr": Es handelt sich hier um die Frage nach den Prioritäten. Die Jünger sind jetzt Teil der großen Familie Gottes, in deren Zentrum Jesus als Vertreter des himmlischen Vaters steht. Alle anderen Beziehungen, sogar die nach menschlichem Ermessen engsten, müssen vom Standpunkt dieser neuen Zugehörigkeit aus anders bewertet werden. Menschliche Institutionen und Bindungen verlieren zwar nicht ihre Wichtigkeit, werden aber zugunsten einer wichtigeren und dringenderen Wirklichkeit relativiert (vgl. auch Matthäus 12,46-50; Lukas 9,59-62).

Wenn es also in manchen Fällen zu einem Bruch in einer Beziehung kommt, ist das niemals direkt beabsichtigt, sondern die Kehrseite einer größeren und alles umfassenden Einheit. Dies wird aus der Antwort Jesu auf die Frage des Petrus deutlich: „Wir haben alles verlassen und sind dir nachgefolgt. Was werden wir dafür bekommen?" (Matthäus 19,27); Jesus sagt:

„Jeder, der um meines Namens willen Häuser oder Brüder, Schwestern, Vater, Mutter, Kinder oder Äcker verlassen hat, wird dafür das Hundertfache erhalten und das ewige Leben gewinnen" (Matthäus 19,29).

Ein Bruch mit dem früheren Leben, so schmerzhaft er auch im Augenblick sein mag, hat nur eine Bedeutung als „die kleine

Last unserer gegenwärtigen Not, [die] uns in maßlosem Übermaß ein ewiges Gewicht an Herrlichkeit [schafft]" (2 Korinther 4,17). Aus einer anderen Warte betrachtet, handelt es sich um den Eintritt in die universelle Familie Gottes, in der wir hunderte Brüder und Schwestern haben (vgl. Markus 10,30) und in welcher der große Strom des Lebens in Gemeinschaft nie versiegt.

Innerhalb dieser großen Familie kann das persönliche Leben, das Leben des In-Beziehung-Stehenden, viele verschiedene Formen annehmen. Das Neue Testament betont wieder und wieder, dass die Einheit der Gemeinschaft nichts mit Einheitlichkeit zu tun hat. Jeder Getaufte hat einen neuen Namen bekommen, „den nur der kennt, der ihn empfängt" (Offenbarung 2,17). Ausgehend von seinen eigenen Gaben und Grenzen ist ein jeder dazu berufen, seine Freiheit zu nutzen und seinen eigenen, einzigartigen Platz innerhalb der Gemeinschaft der Glaubenden zu finden. Es ist die gemeinsame Quelle, die alles zusammenhält:

„Es gibt verschiedene Gnadengaben,
   aber nur den einen Geist.
Es gibt verschiedene Dienste,
   aber nur den einen Herrn.
Es gibt verschiedene Kräfte, die wirken,
   aber nur den einen Gott: Er bewirkt alles in allen."
(1 Korinther 12,4-6)

Und das gemeinsame Ziel:

„Jedem wird die Offenbarung des Geistes geschenkt, damit sie anderen nützt" (1 Korinther 12,7).

Unsere Identität als Person darf nie zum Vorwand dafür dienen, uns über andere zu erheben, sie ist auch kein eifersüchtig zu hütender Besitz. Im Gegenteil, unsere Identität ist eine

Gabe, die wir empfangen, um entsprechend zu leben, sodass sie Frucht bringt in immer größerer Verantwortlichkeit für andere:

„Dient einander als gute Verwalter der vielfältigen Gnade Gottes, jeder mit der Gabe, die er empfangen hat" (1 Petrus 4,10).

ZUM NACHDENKEN

1. Das Neue Testament spricht von der Kirche sowohl als einem „heiligen Volk" (1 Petrus 2,9) als auch als einer uneinheitlichen Realität (Matthäus 13,24-30.47-50). Können unsere Gemeinschaften Zeugnis von Gottes Herrlichkeit geben, ohne wie ein geschlossener Kreis der „Reinen" zu wirken? Wie können wir verständnisvoll und gleichzeitig anspruchsvoll sein? Was können wir tun, damit Offenheit nicht zu Verflachung oder Zerstreuung führt?

2. Für die Juden ist das Pascha ein Familienfest (Exodus 12,3f). Wie wandelte Jesus es ab, sodass es zu einer Feier von Gottes neuer Familie wurde (Lukas 22,7-20; 1 Korinther 10,16f)? Wie können wir dazu beitragen, dass unsere Gottesdienste klarer unsere Identität als Glieder dieser universellen Familie ausdrücken?

3. Wie drückt Paulus durch das Bild des menschlichen Körpers (Römer 12,4-13; 1 Korinther 12,12-30) die Beziehung zwischen Einheit und Vielfalt im Leben der Christen aus? Was bedeutet es für uns, Glieder zu sein, „die zueinander gehören" (Römer 12,5)? Wie verhindern wir, dass Einheit zu Einheitlichkeit wird und Vielfalt sich in Zersplitterung oder Distanz auflöst?

Ehe und Ehelosigkeit

Unsere bisherigen Überlegungen haben zu einigen wichtigen Ergebnissen geführt. Heiligkeit im menschlichen Leben bedeutet vor allem das Leben als Personen, als In-Beziehung-Stehende. Die Glaubenden haben, verwurzelt in der Gemeinschaft mit Gott, als Söhne und Töchter Gottes im Sohn, jede falsche Autonomie hinter sich gelassen. Ihre neue Identität bezeugen sie, indem sie Teil einer Gemeinschaft sind, in der jede Person einen einzigartigen Platz einnimmt, der durch ihre besonderen Grenzen und Gaben bestimmt ist. Von ihrer Natur her verhindert die Gemeinschaft weder Freiheit noch Kreativität. Von der Überhöhung des Individuums ist sie genauso weit entfernt wie von steriler Konformität; sie weist genau den schmalen Pfad, auf dem die persönliche Identität eines jeden in der Hingabe des Selbst an die anderen zur vollen Blüte gelangt.

Es gibt also so viele Arten, Person zu sein, wie es Menschen gibt. Doch es stimmt auch, dass es große Muster für Lebensentscheidungen gibt, in denen das Ja fürs Leben, das wir zu Christus in der Taufe sagen, in einer bestimmten gemeinschaftlichen Lebensform Gestalt annimmt. Wir können zwei prinzipielle Lebensentscheidungen unterscheiden: die Ehelosigkeit um Christi und des Evangeliums willen und die christliche Ehe. Der Ruf Christi fordert von jedem Mann und jeder Frau eine radikale Antwort; die Taufe beinhaltet eine *metanoia*, durch die wir unser früheres Leben hinter uns lassen, um uns der universellen Familie Gottes anzuschließen. Dieser Wandel soll nicht alles entwerten, was in unserem früheren Leben gut war; aber alles wird sich unweigerlich relativieren. Unsere Prioritäten verschieben sich.

Dieser Prioritätenwechsel drückt sich bei manchen Menschen dergestalt aus, dass sie die Berufung zu einem Leben spüren, in dem sie darauf verzichten, eine eigene menschliche Familie zu gründen; das heißt, sie „verlassen" schon im Voraus einen möglichen Ehepartner (Lukas 18,29; vgl. Matthäus 19,12). Auf diese Weise treffen sie eine Entscheidung, die sehr konkret die absolute Priorität der universellen Familie Gottes zum Ausdruck bringt. Eine solche Entscheidung wird zum Beispiel jemand treffen, der in der Kirche eine besondere Form der Seelsorge übernehmen möchte, die diese Art von Verfügbarkeit voraussetzt. Bekanntlich hat die katholische Kirche im Westen über Jahrhunderte die priesterliche und bischöfliche Seelsorge mit der Ehelosigkeit verknüpft. Aber auch dort, wo diese Verknüpfung nicht formell gefordert ist, verlangen einige Arten des Dienstes, dass die Betreffenden andere Verpflichtungen aufgeben; sie tun dies weniger aus äußeren, praktischen Motiven als vielmehr aus inneren Gründen. Schon im alten Israel hatte der Prophet Jeremia einen solchen Ruf vernommen (Jeremia 16,1f). Zweifelsfrei ist das wichtigste Beispiel das von Jesus selbst. Andere werden berufen, einer „Familie" beizutreten, die man als klösterliche oder religiöse Gemeinschaft bezeichnet und die nicht auf bestimmten menschlichen Beziehungen beruht, sondern im Kleinen versucht, die universelle Familie Gottes darzustellen.

Wie jede Entscheidung, die um des Evangeliums willen getroffen wird, stellt auch die Entscheidung für die Ehelosigkeit keinen Wert an sich dar; stets muss sie im Zusammenhang mit einer umfassenden Antwort auf den Ruf Christi gesehen werden. Daher kann sie niemals rein utilitaristisch begründet werden, auch wenn es sein mag, dass sie größere Flexibilität im praktischen Dienst erlaubt. Letztendlich ist sie vor allem ein Ausdruck der ausschließlichen Liebe zu Christus, die nur von dem wahrhaft verstanden werden kann, dem sie gegeben ist (vgl. Matthäus 19,11). Andererseits, und dies betrifft alle

Bereiche des Glaubens, dient der Verzicht einem höheren Zweck – in diesem Fall dem, mit seinem Leben die Priorität der universellen Familie Gottes zum Ausdruck zu bringen. Schließlich ist die Verpflichtung zur Ehelosigkeit, wie jede christliche Verpflichtung, nicht „für" denjenigen gedacht, der sie übernimmt. Ein eheloses Leben für Christus hat symbolischen Wert; es ist eine Form evangelischer Radikalität, ein Zeichen für die ganze christliche Gemeinschaft und auch für die Menschheitsfamilie. Wenn Christus einige Frauen und Männer dazu beruft, auf diese Weise zu leben, geht es nicht darum, eine Elitetruppe innerhalb der Kirche zu schaffen, sozusagen Christen „erster Klasse", die sich von den „normalen" abheben. Die Kirche als Ganze braucht freilich Menschen und Orte, an denen der absolute Ruf, der an jeden Christen ergeht und der normalerweise im Verborgenen und mitten in den Problemen und Verwicklungen des Alltags gelebt wird, deutlich sichtbar wird, so wie eine Stadt auf einem Berg (vgl. Matthäus 5,14).

Und schließlich leben diejenigen, die sich um Christi und des Evangeliums willen zur Ehelosigkeit verpflichtet haben, wie jeder andere Glaubende auch, auf dem Hintergrund ihrer eigenen menschlichen Armseligkeit. Sie wissen, dass sie, um geben zu können, die dazu notwendige Kraft von Gott erhalten müssen. Sie sind keineswegs Helden, die von den Schwierigkeiten und Mühen befreit wären. Im Gegenteil: Beständig müssen sie aus dem Gebet und der Gemeinschaft mit den anderen die Kraft der Heiligkeit schöpfen, aus welcher heraus sie in einer Welt, in der ihr Zeugnis gern als Irrweg oder Weltfremdheit abgetan wird, treu bleiben können.

Auch wenn die Entscheidung für die Ehelosigkeit in ihrer ganzen Tiefe von vielen nicht verstanden wird, hat sie den Vorteil, von ihrer Natur her Fragen aufzuwerfen. Eine solche Lebensweise hat gerade deshalb Symbolwert, weil sie außerhalb des Glaubens an Christus „nicht normal" ist; sie regt zum Nachdenken an; das Unverständnis, das sie hervorruft, wird zur Aufforderung, tiefer zu schauen. Das gilt nicht im gleichen Maße für den anderen Lebensweg, der das Ja der Taufe aufgreift, die christliche Ehe. Die Ehe ist ja eine menschliche Einrichtung, die es in allen Gesellschaften gibt; sie ist anscheinend nichts spezifisch Christliches.[21] Zudem sind, bedingt durch Zeit und Ort, die verschiedenen Formen der Ehe soziologisch sehr unterschiedlich; in den relativ wenigen Bibeltexten, die sich mit diesem Thema beschäftigen, ist es manchmal schwierig zu unterscheiden, was wesentlich christlich und was vom historischen Kontext vorgegeben ist.

Aus diesem und anderen Gründen ist die christliche Bedeutung der ehelichen Verpflichtung oft vernachlässigt worden. Verheiratete Eheleute werden in der kirchlichen Sprache als „Laien" bezeichnet, was landläufig gern als „normal" oder sogar als „zweitklassig" verstanden wird. Das ist eine sehr unglückliche Entwicklung, deren Gründe vielschichtig sind und hier nicht ausgeführt werden können. Auf jeden Fall wird jemand, der genau liest, was die Bibel zu diesem Thema zu sagen hat, herausfinden, dass die treu gelebte Verpflichtung zur Ehe in bewundernswerter Weise die wesentlichen Aspekte des neuen Lebens in Gemeinschaft ausdrückt, das Jesus Christus schenkt.

Der Schlüsseltext zum biblischen Verständnis der Ehe findet sich im Bericht über die Schöpfung des Menschen im ersten Buch der Bibel (Genesis 2,24). Diesen Text zitiert Jesus in einem Streitgespräch über die Scheidung (vgl. Matthäus 19,5; Markus 10,7f); er kommt auch im Epheserbrief vor, um die Bedeutung der Ehe zu erläutern (Epheser 5,31). Als Grund-

---

21 In einer Welt, in der „nichts heilig ist", in der Beziehungen und Bindungen mit überraschender Schnelligkeit hergestellt und gelöst werden, in welcher der öffentliche Charakter der Bindungen fast geschwunden ist, wird die Ehe – im Sinne eines öffentlichen Ereignisses, bei dem ein Mann und eine Frau sich für das ganze Leben verpflichten – immer mehr zu einer Besonderheit. Sollten sich diese Tendenzen fortsetzen, wird eine derartige Ehe bald nur noch aus religiösen Gründen eingegangen werden.

lagentext erscheint er immer wieder an kritischen Stellen, an denen über die Ehe diskutiert wird – ein Zeichen dafür, dass er etwas Wesentliches zu sagen hat:

„Darum verlässt der Mann Vater und Mutter und bindet sich an seine Frau, und sie werden ein Fleisch."

Stellen wir diesen Text neben die Worte Jesu über die Familie, mit denen wir uns schon beschäftigt haben, wird eine wichtige Parallele sichtbar: Jesus sagt, dass derjenige, der seinen Vater oder seine Mutter mehr liebt als ihn, seiner nicht würdig ist (vgl. Matthäus 10,37); er sagt auch, dass der, der Vater und Mutter verlässt, in der universellen Familie Gottes unendlich viel zurückbekommt (vgl. Matthäus 19,29). Es ist sehr bedeutsam, dass der obige Text über die Ehe genauso anfängt. Das sollte uns deutlich machen, dass die Formulierung an sich wenig bis gar nichts mit unseren Eltern oder mit der Liebe, die wir für sie empfinden, zu tun hat. „Vater und Mutter verlassen" symbolisiert vielmehr den Bruch mit dem alten Leben, der notwendig ist, um eine neue Existenz zu beginnen. Die Person, die heiratet, wiederholt auf konkrete Art den Aufbruch Abrahams, der die Grundlage der Pilgerreise des Glaubens ist (vgl. Genesis 12,1).

Aber wie für Abraham (Genesis 12,2f) und auch wie für Jesus auf dem Weg zum Kreuz ist dieser Bruch mit dem Alten nur dann sinnvoll, wenn er ein Weg zu neuem Leben ist, einem Leben in Fülle. In der Ehe bedeutet dieses neue Leben, mit einer anderen Person eins zu werden: „Sie werden ein Fleisch sein." Das Wort „Fleisch" bezieht sich hier nicht ausschließlich oder hauptsächlich auf die Sexualität, sondern steht für ein ganzheitlich gemeinsames Leben, eine Zugehörigkeit zur gleichen Familie. Mit einem Wort: Das neue Leben ist ein Leben in Gemeinschaft. Die „unpersönliche" Existenz im Kollektiv, ein Leben ohne Verantwortung, stirbt, und die Jungverheirateten werden als „In-Beziehung-Stehende" wiedergeboren. In ihrer tiefsten Dimension ist die Ehe ein Ruf zur Heiligkeit. Und wie jede Beziehung in Heiligkeit ist dieses neue Leben grundsätzlich offen für andere. Diese Offenheit ist schon auf biologischer Ebene vorgegeben; denn ein Leben als verheiratetes Ehepaar führt normalerweise zur Geburt von Kindern und zur Gründung einer neuen Familie.

Aus diesem Blickwinkel gesehen ist die Ehe eine privilegierte Form des Person-Seins, ein Weg, um seine Identität nicht in der Abgrenzung, sondern in einer Beziehung des Gebens und Empfangens zu finden. Auf die Frage der Pharisäer zur Ehescheidung antwortet Jesus daher mit einem Text aus dem Buch Genesis (Matthäus 19,1-9): Wenn die Eheschließung eine neue Identität begründet, einen neuen Namen gibt, braucht nicht darüber diskutiert zu werden, ob sie bestandskräftig ist. Wir sind hier weit von einer legalistischen Paragraphenreiterei entfernt. Es geht um die wesentliche Frage der Grundlagen eines Lebens als Person.

Die biblische Theologie bezüglich der Ehe lässt uns verstehen, dass es nicht notwendig ist, der Gesellschaft den Rücken zu kehren und ein Leben außerhalb der Normalität zu leben, um das Evangelium in seiner Radikalität zu praktizieren. Indem man die „normale" Realität des menschlichen Lebens *anders* lebt, kann sich diese Radikalität auch mitten in der Welt zeigen. Genau das versucht der Paulus in dem umstrittenen Text, dem 5. Kapitel des Epheserbriefes, auszudrücken. Dieser Text formuliert eine grundlegende Lehre über die christliche Ehe, die heute noch genauso wertvoll ist wie damals. Ausgangspunkt ist allerdings die Ehe, wie sie zur damaligen Zeit gelebt wurde; daher enthält der Text für alle, die aus einem anderen kulturellen Umfeld stammen, einige Verständnisschwierigkeiten. So scheint es auch, dass der Autor den Ehefrauen rate, sich „ihren Männern unterzuordnen" (Epheser 5,22). Ein solcher Ausspruch wird natürlich jede moderne Frau mit nur einem Funken Selbstachtung zutiefst empören. Doch leider bestärkt das die in einigen Kreisen für eine Tatsache gehaltene Vorstellung von „Paulus, dem Frauenhasser" oder sogar von „Paulus, dem Heuchler". Hat Paulus nicht an anderer Stelle geschrieben, dass in Christus „nicht Mann und Frau" ist (Galater 3,28)?[22]

Fangen wir vorab mit einer einleitenden Standortbestimmung an. Um einen Text richtig zu interpretieren, muss man ihn in seinem Originalzusammenhang verorten. Wenn wir uns in die damalige Gesellschaft hineinversetzen, also in die Gesellschaft, für die und aus der heraus Paulus schreibt, wird schnell deutlich, dass an seinen Formulierungen nichts Anstößiges ist. Ehefrauen waren damals normalerweise viel jünger als ihre Männer, hatten keinerlei Ausbildung außerhalb des Haushalts und spielten keine nennenswerte Rolle im öffentlichen Leben. Ungleichheit zwischen Frauen und Männern war eine Tatsache – aus dem Blickwinkel unserer modernen Welt ist dies ein klarer Fall von Diskriminierung, von Sexismus, kurz, es ist moralisch verwerflich. Aber es muss noch ein weiteres kulturelles Phänomen in Betracht gezogen werden: Die antike Welt bevorzugte, im Gegensatz zur modernen Gesellschaft, eine „vertikale" Gesellschaftsordnung. Das gesellschaftliche Leben wurde in Rangordnungen organisiert und nicht wie heute in „horizontalen" Beziehungen unter Gleichberechtigten. Die Denkweise der früheren Gesellschaften war nicht demokratisch, sondern hierarchisch. In einer solchen Lebenswelt wird ein Wort wie „unterordnen" nicht als gewaltsame Unterwerfung verstanden. Der Apostel Paulus hatte sicher nicht die Absicht, die christlichen Frauen, denen er schrieb, zu beleidigen, zu verletzen oder ihre berechtigten Forderungen zurückzuweisen; es gibt auch keinerlei Hinweis darauf, dass sie ihn so ver-

---

22 Zu diesem Vers lese man den sehr aufschlussreichen Artikel von Anne-Marie Pelletier, „Il n'y a plus l'homme et la femme", *Communio* XVIII, 2, March-April 1993, S. 35-45.

standen haben könnten.[23] Die Ungleichheit der Geschlechter ist allerdings überhaupt nicht das Thema dieses Textes. Es wäre ein großer Fehler, nicht zu bemerken, dass der Epheserbrief das damalige Weltbild von innen her verändert. Diese Veränderung drückt sich auf zweierlei Weise auf. Schauen wir zunächst auf den Zusammenhang der fraglichen Textpassage:

„Berauscht euch nicht mit Wein ..., sondern lasst euch vom Geist erfüllen! ... Einer ordne sich dem andern unter in der gemeinsamen Ehrfurcht vor Christus. Ihr Frauen, ordnet euch euren Männern unter wie dem Herrn [Christus]" (Epheser 5,18.21f).

Die angebliche „Unterordnung" der Frauen ist in diesen Versen nichts weiter ist als der Sonderfall einer allgemeinen Regel: *Alle* Glaubenden – Frauen und Männer, Reiche und Arme, Alte und Junge – sollen sich einander unterordnen. Diese Auslegung wird dadurch bestätigt, dass im griechischen Originaltext das Verb nur einmal vorkommt. Was bedeutet das also: „sich unterordnen"? Es ist fast undenkbar, dass man danach streben soll, sich auf unnatürliche Weise unterdrücken oder beherrschen zu lassen. Man wird auch nicht aufgefordert, in Passivität zu verfallen, seinen eigenen Willen aufzugeben und blind einer sogenannten Autorität zu folgen. Eine gute metho-

23   In einer solchen Ordnung sind die Rechte und die Verantwortung des Einzelnen das Resultat aus der Position, die jemand innerhalb der sozialen Hierarchie innehat. In dieser Hierarchie war man zwangsweise zwischen denen „oben" und denen „unten" platziert. Die Macht floss von der Spitze nach unten, die eigene Autorität hing davon ab, dass man sich den Höherstehenden unterordnete. Was also die Zeitgenossen des Apostels Paulus in der Aufforderung „ordnet euch euren Männern unter" verstanden haben könnten (wenn dies denn das Hauptthema wäre; wir werden sehen, dass es das nicht der Fall ist), wäre in etwa:„Nimm deine rechtmäßige Position innerhalb der Gesellschaft ein!" Vgl. die Aussage des römischen Centurio in Lukas 7,8: „Auch ich muss Befehlen gehorchen, und ich habe selber Soldaten unter mir." Vgl. ebenso 1 Korinther 11,10, wo die Kopfbedeckung der verheirateten Frau als Symbol von „Macht" bezeichnet wird.

dologische Vorgehensweise ist, aus einem Vergleich mit ähnlichen Formulierungen und Ermahnungen des Apostel Paulus die Bedeutung eines Ausdrucks zu erschließen:

„Tut nichts aus Ehrgeiz und nichts aus Prahlerei, sondern in Demut schätze einer den anderen höher ein als sich selbst. Jeder achte nicht nur auf das eigene Wohl, sondern auch auf das der anderen" (Philipper 2,3f; vgl. Römer 12,3.10; 1 Korinther 9,19; 10,24.33; 1 Petrus 5,5).[24]

Die christliche „Unterordnung" ist nichts anderes als das Grundprinzip, das ein Leben in jedweder Gemeinschaft erst möglich macht: nicht in erster Linie oder ausschließlich auf sich selbst zu schauen, sondern sich bewusst zu werden, dass wir alle zueinander gehören, und sich entsprechend zu verhalten. Es muss nicht nochmals eigens erwähnt werden, dass eine solche „Unterordnung" nichts wert ist, wenn sie nicht aus freien Stücken geschieht:

„Ihr seid zur Freiheit berufen, Brüder. Nur nehmt die Freiheit nicht zum Vorwand für das Fleisch, sondern dient einander in Liebe!" (Galater 5,13).

Es gibt noch eine zweite Veränderung, die Paulus gegenüber der Sichtweise seines Kulturkreises einführt. Sie zeigt sich in den Worten, die er dem Satz in Epheser 5,22 hinzufügt: „wie dem Herrn". Die „Unterordnung" der Ehefrau gegenüber ihrem Mann wird ausdrücklich mit der „Unterordnung" des Gläubigen gegenüber dem gekreuzigten und auferstandenen Christus verglichen. Der Vergleich zeigt deutlich, dass keinerlei kriecherische Unterwürfigkeit gemeint ist. Ein Getaufter

---

24 Paulus kann sich in diesem Zusammenhang direkt auf eine Lehre Jesu beziehen, die wir in allen vier Evangelien finden: Matthäus 20,25-28; Markus 10,42-45; Lukas 22, 24-27; Johannes 13,13-15.

„unterwirft" sich Christus, indem ihm bewusst wird, dass er in Freiheit ein Ja gesprochen hat, das von nun an seine neue Identität definiert, ein Ja, durch das er in eine Gemeinschaft eingetreten ist, die seinem Leben einen Sinn gibt. Von nun an verliert die Sinnsuche in andere Richtungen ihren Reiz. Auf ähnliche Weise (die Parallele ist natürlich nicht vollständig ausgeführt[25]), fordert der Verfasser des Epheserbriefes die Ehefrauen dazu auf, sich bewusst zu werden, dass der Sinn ihrer Berufung, Christus zu folgen, sich nicht von der Beziehung zu ihrem Mann abkoppeln lässt. Sie sind nicht länger alleinstehend; bei allem, was sie tun, müssen sie ihn mit einbeziehen.

Christus nimmt die „Unterordnung" seiner Glaubenden in die größere und umfassendere „Unterordnung" mit hinein, die er selbst eingegangen ist. Ein eindrückliches Bild dafür findet sich im Johannesevangelium, im Verhalten Jesu während des letzten Abendmahls. „Der Lehrer und Herr" erhebt sich vom Tisch und nimmt die Rolle des Sklaven ein, indem er seinen Jüngern die Füße wäscht (Johannes 13,1-7). Auf diese Weise drückt er symbolisch aus, was er am nächsten Tag tun wird, wenn er sein Leben für die Menschen hingibt, um ihnen die Gabe der Heiligkeit zu schenken.

Der Apostel Paulus fordert auch die christlichen Ehemänner auf, sich „unterzuordnen":

„Ihr Männer, liebt eure Frauen, wie Christus die Kirche geliebt und sich für sie hingegeben hat, um sie … rein und heilig zu machen" (Epheser 5,25f).

---

25 Dies liegt unter anderem darin begründet, dass die Ehemänner nicht, wie Christus, „Retter" ihrer Ehefrauen sein können (Epheser 5,23). Eine hervorragende Auslegung dieses Textes, die mit aller gebotenen Präzision zeigt, dass hier der Ausdruck „Unterordnung" keine negativen Konnotationen hat, sondern vielmehr die aktive und freiheitliche Beteiligung der christlichen Ehefrau an der neuen Schöpfung durch die Analogie mit der Kirche, der neuen Eva, beschreibt, findet sich in Stephen Francis Miletic, „One Flesh" Eph. 5.22-24, 5.31: *Marriage and the New Creation*, Analecta Biblica 115 (Rome: Biblical Institute Press, 1988).

Hier sind wir jenseits jeder soziokulturellen Anpassung. In der Antike (ist es heute, so könnte man fragen, wirklich anders?) war es ganz sicher nicht normal, Männer darin zu bestärken, ihr Leben für ihre Ehefrauen hinzugeben. Es ist demnach nicht die Absicht des Apostels, eine asymmetrische Beziehung zwischen Ehemännern und Ehefrauen zu fördern; vielmehr möchte er zeigen, wie sich in der Verschiedenartigkeit und Vielfalt des Glaubens an Christus Wege zur Gemeinschaft öffnen können. Der Apostel geht von einer soziologischen Realität aus, der Ehe, wie sie zu seiner Zeit konkret gelebt wurde; dann versucht er, für die Glaubenden einen Weg aufzuzeigen, wie sie Personen nach dem Bild Christi sein können, also Menschen, die ihre Identität in einer Lebensgemeinschaft finden, in der sie sich selbst völlig einem anderen schenken.

Auf diesem Hintergrund können wir auch die echte und zutiefst positive Bedeutung der biblischen und christlichen Lehre über die menschliche Sexualität verstehen. Die moderne Welt, die meist von einem ganz anderen Menschenbild ausgeht, tut sich schwer, sich auf einen solchen Standpunkt einzulassen, der sich von ihren Selbstverständlichkeiten so sehr unterscheidet. Wenn sich dann noch die Kirche mit diesem Thema so auseinandersetzt, als handele es sich vor allem um eine Frage von Regeln und Verboten, vertieft sie diese Missverständnisse nur und verurteilt sich selbst dazu, als verknöchertes Fossil, ja, als Feind der menschlichen Selbstverwirklichung angesehen zu werden. Um aus dieser Sackgasse herauszukommen, müssen wir das Thema in den Gesamtzusammenhang des biblischen Menschenbilds und des Begriffs der Heiligkeit stellen. Bevor es darum geht zu sagen, was man tun soll, müssen wir zunächst verstehen und uns darüber einig sein, wer wir *sind* und worum es im Leben eigentlich geht.

In allen antiken Kulturen ist die Sexualität eng mit dem Bereich des Göttlichen, des Heiligen, verbunden. Da sie unauflöslich mit dem Rätsel der Entstehung des Lebens verknüpft ist, wird sie als eine geheimnisvolle Realität angesehen, die sich der Kontrolle und der Kenntnis des Menschen entzieht. In der Sichtweise traditioneller Kulturen ist das Mysterium des Lebens eins mit dem Mysterium des Todes. Die moderne Biologie kennt übrigens Beispiele, die dieser Intuition entsprechen: An der Schwelle zum Leben finden sich Einzeller, die in demselben Vorgang, in dem sie sich reproduzieren, sterben.[26]

Die moderne Welt hat durch ihre utilitaristische Ausrichtung den Begriff des Heiligen ausgelöscht und eine Fragmentierung der Welt vorgezogen. Alles ist der Manipulation des Menschen unterworfen. Wir haben erfolgreich (wenn man in diesem Zusammenhang von Erfolg sprechen kann) die Zeugung und Geburt eines Menschen vom Geschlechtsakt getrennt, der als Folge davon größtenteils von anderen Kriterien bestimmt wird.

In der Antike jedenfalls wurde die Sexualität als heilig angesehen. Sie war eine Realität, die von anderswo herkam, anziehend und furchteinflößend zugleich. Wir haben schon über das Bestreben gesprochen, das Heilige durch Regeln ein- und abzugrenzen, um sowohl das Heilige als auch den Menschen vor seiner beunruhigenden Macht zu schützen. Das Alte Testament folgt hier den Mustern der meisten antiken Kulturen: Der Geschlechtsakt ist, wie alles, was Geburt und Tod betrifft, von vielen „Reinheitsgeboten" „umzäunt". Diese Gebote hatten zum Ziel, das Mysterium zu schützen, damit seine schöpferische Kraft den Menschen nützt und sein zerstörerisches Potential unter Kontrolle gehalten wird.

Wir haben auch schon gesehen, dass nicht jede Gesellschaft das Heilige – und damit auch die Sexualität – gleich interpretiert. Manchmal wird sie auch als eine unpersönliche Energie gesehen, als blinde Macht, die der Mensch lenken und nutzen kann, wenn er die entsprechenden Riten kennt und beherrscht.

---

26 Vgl. auch die Antwort Jesu an die Sadduzäer (Matthäus 22,30): Wo der Tod nicht mehr ist, dort ist auch kein Eheleben. Vgl. Cormier, *Généalogie de Personne*, S. 82f.

Diese Mächte werden manchmal auch durch Götterfiguren symbolisiert, Fruchtbarkeitsgötter, aber damit wird das grundsätzliche Verständnis kaum verändert. Ein solcher Kult konnte zum Beispiel bei den Volksgruppen in Kanaan beobachtet werden, in deren Mitte das Volk Israel lebte. Diese Völker betrieben Landwirtschaft und hatten einen sehr hoch entwickelten Fruchtbarkeitskult. Durch eine dort praktizierte rituelle Prostitution wurde sogar die menschliche Sexualität in den Dienst der Fruchtbarkeit der Erde gestellt, die für das gesellschaftliche Überleben so wichtig war.

Von Anfang an stellte sich Israel ganz entschieden gegen eine unpersönliche und magische Sichtweise des Heiligen. Gott allein ist heilig und lässt sich nicht manipulieren. Gott ist die Quelle allen Lebens; von daher bedeutet eine Beziehung zu ihm das Annehmen des göttlichen Segens und eine Antwort der Dankbarkeit. Diese Einstellung erklärt auch den Abscheu, mit dem das Gottesvolk die Instrumentalisierung der Sexualität im Fruchtbarkeitskult betrachtete. Die Abneigung war so stark, dass (rituelle) Prostitution in Israel sehr bald zum Symbol *par excellence* des Götzendienstes wurde (vgl. Hosea 2,4.7; Jeremia 5,7f; Jesaja 1,21; Ezechiel 16; 23).

Die in der Bibel beschriebene Entwicklung geht von der Instrumentalisierung hin zu einer immer größeren *Personalisierung* der Sexualität und damit genau in die entgegengesetzte Richtung. Wenn das Feuer der Heiligkeit nicht zu einer Auflösung, sondern im Gegenteil zu einer vollkommenen Entwicklung der Person führen soll (vgl. Exodus 3,2), muss es Teil einer persönlichen Beziehung sein. Das bedeutet, dass die Sexualität ihren „natürlichen" Platz in einer Beziehung findet, die auf Verbindlichkeit beruht und in der gegenseitiges Geben und Empfangen durch die Zeit durchgetragen wird. Sie muss in einer Beziehung gelebt werden, die nicht nach innen gewandt bleibt, in einer Art Egoismus zu zweit, sondern offen dafür ist, Leben zu empfangen, was auf physischer Ebene durch die Geburt von Kindern symbolisiert wird, aber nicht darauf beschränkt bleibt. Nur auf diese Weise widerspricht die Sprache des Körpers nicht dem, was die Bibel „Herz" nennt; die Instinkte und die Gefühle sind so der Person zu Diensten. Wird die Sexualität in einer Beziehung gelebt, in der zwei Menschen ein einziger Leib werden, indem sie ihr ganzes Leben teilen, dann wird sie nicht zu einer zerstörerischen Kraft, sondern zu einer unvergleichlichen schöpferischen Energie.[27]

Dieser kurze Überblick macht, so hoffe ich, wenigstens eines deutlich: Trotz vieler vorgefertigter Meinungen, die das Gegenteil besagen, sind die Lehre des Apostels Paulus über das Eheleben und ganz allgemein die neutestamentliche Sicht der Sexualität in keiner Weise von einer Ablehnung der Körperlichkeit bestimmt (wie es später zum Teil aufgrund des Einflusses der griechischen Philosophie geschah). Einen Verstehensschlüssel bietet die Kategorie der *Kohärenz*: Es kommt darauf an, ein Leben zu führen, das sich auf eine größtmögliche innere Einheit und auf die Vollkommenheit im Leben als Person ausrichtet. Wenn die Christen wirklich Personen sind, die „dem Herrn" leben, die „ein Geist mit ihm" sind, die „nicht sich selbst gehören", sondern „Tempel des Heiligen Geistes" sind (1 Korinther 6,13.17.19), muss das, was sie durch ihren Körper ausdrücken, diese Identität bestätigen; es muss sich in einem zutiefst personalen, verbindlichen Verhalten widerspiegeln. Sonst, so sagt es der Apostel Paulus in einer tiefgründigen Formulierung, „versündigen sie sich gegen den eigenen Leib" (1 Korinther 6,18). Und zwar nicht, indem sie gegen irgendwelche archaischen Regeln ritueller oder körperlicher

---

27 Papst Johannes Paul II. hat sehr tief über die Person und die Wurzeln des ehelichen Lebens aus der Sichtweise der Bibel nachgedacht. Sein sehr persönlicher Blickwinkel eröffnet überraschend neue Perspektiven für die Theologie. Vgl. unter anderem seine Generalaudienzen zwischen 1979 und 1981 und die Enzyklika *Mulieris dignitatem* (15. August 1984). Vgl. auch Mary G. Durkin, *Feast of Love: Pope John Paul II on Human Intimacy*, Chicago: Loyola University Press, 1983.

Reinheit verstoßen, sondern weil sie damit auf zwei Pfaden gleichzeitig wandeln: Ihr Leben zeugt dann von einer tiefen Zerrissenheit, einem inneren Gebrochensein ihrer Persönlichkeit.

Nachdem dies gesagt ist, muss aber auch hinzugefügt werden, dass es im Evangelium nicht um einen Perfektionismus geht. Die Einheit der Person lässt sich nicht an einem Tag erreichen, auch nicht in einem Jahr; sie wächst langsam durch schrittweise Annäherung. In der sensiblen Sphäre des Intimlebens, vielleicht hier mehr als anderswo, gibt es keinen Raum für Unnachgiebigkeit und Urteile ohne Mitgefühl, vor allem, wenn sie gegen das eigene Selbst gefällt werden. Die treibende Kraft für das Hineinwachsen in das Personsein ist nicht die Unbeugsamkeit des menschlichen Willens, sondern die innere Gegenwart des Heiligen in der Person des Geistes Gottes, der Quelle der Vergebung, kurz, der Liebe, die immer wieder einen Neuanfang möglich macht. Mit unendlicher Geduld nutzt Gott jede Bereitschaft zum Wandel und zum Wachstum, die er in uns vorfindet, um uns zu einer größeren inneren Einheit zu führen. Wir dürfen uns auf die Worte des Apostels Johannes verlassen:

„Wenn das Herz uns auch verurteilt –
Gott ist größer als unser Herz,
und er weiß alles" (1 Johannes 3,20).

* * *

Am Ende dieses langen und vielleicht etwas ausschweifenden Kapitels ist es sinnvoll, den roten Faden wieder aufzunehmen. Die über jeder Person stehende christliche Heiligkeit verwandelt die Glaubenden in Menschen, die den Sinn ihres Lebens in der Gemeinschaft finden. Durch ihre Beziehung zu Christus treten sie in die gleiche Beziehung ein, die er mit dem Einen hat, den er „Abba" nennt: Sie werden zu Söhnen und Töchtern in dem einen Sohn. Diese neue Identität wird für sie konkret in der Art und Weise, wie sie mit ihren Mitmenschen leben und in der universellen Familie Gottes ihren Platz finden. Die Kirche ist nichts anderes als ein Ausdruck für diese Familie, die dazu berufen ist, immer offener und umfassender zu werden, bis sie die ganze Menschheit mit einbezieht.

Die Getauften sind das Gegenteil von bloßen Marionetten oder isolierten Einzelwesen; sie stellen ihre Fähigkeiten und ihr Können in den Dienst der anderen. Im Wissen, dass alles, was sie haben, ihnen geschenkt ist, ist es ihr tiefster Wunsch, die empfangenen Gaben weiterzugeben. Durch die Entscheidungen, die sie in ihrem Leben treffen, versuchen sie, das Ja ihrer Taufe in ihrer konkreten Situation lebendig werden zu lassen. Unter den vielen Entscheidungen, die ein Mensch zu treffen hat, gibt es zwei Arten von Lebensverpflichtungen, die einen besonderen Platz einnehmen: die Verpflichtung zur Ehe und die Verpflichtung zur Ehelosigkeit um Christi willen.

Heutzutage sind wir uns bewusst, dass die Ehe und die gottgeweihte Ehelosigkeit nicht die einzigen Möglichkeiten sind, den christlichen Glauben zu leben. Es gibt so viele Möglichkeiten, „für Gott" und „für andere" zu leben, wie es Menschen gibt. Von den eigenen Gaben und Begrenztheiten ausgehend, ist jeder dazu berufen, sein persönliches Leben zum Blühen zu bringen und seine eigene Freiheit zu entdecken, indem er das annimmt, was Gott für ihn in der Gemeinschaft seiner Brüder und Schwestern wünscht, und indem er sich selbst freiwillig aus Liebe hingibt. In unserer modernen Welt, inmitten der sich rasch fortentwickelnden Gesellschaften, müssen wir damit rechnen, dass es für manchen keine fertigen Modelle für einen äußeren Lebensstil gibt, die ganz dem entsprechen, was sie suchen, zum Beispiel eine Form, wie sie ihre Ehelosigkeit für Christus gestalten oder wie sie als christliche Familie leben können, die mitten in einer Gesellschaft eine „Hauskirche" ist und ganz andere als die üblichen Prioritäten setzt. Viele Menschen brauchen heute jede Menge Fantasie und Mut, um ihren eigenen Weg zu finden, indem sie auf den „Hauch der Stille" im tiefsten Inneren ihres Herzens hören und eine Bestätigung in der Gemeinschaft der Glaubenden suchen. Wenn das Abenteuer der Heiligkeit manchmal auch eine beschwerliche Reise ist, so ist es doch auch eine Quelle unaussprechlicher Freude – der Freude, auf dem gleichen Weg zu sein wie Abraham und Mose, Maria und Petrus und eine Vielzahl von Frauen und Männern zu allen Zeiten, die ihr Leben dem einen Wort anvertrauten, das ihnen vorausging und sie führte wie eine Feuersäule.

ZUM NACHDENKEN

1. Lies Matthäus 6,24-34. Welche Grundeinstellungen finden wir in diesem Text, die eine Folge aus einem Leben der Gemeinschaft mit Christus sind? Hilft uns dieser Text, die Fundamente und die Bedeutung der christlichen Einfachheit zu verstehen? Wie können wir uns zu immer größerer Einfachheit des Herzens und des Lebens hin entwickeln, sowohl in unserem persönlichen Leben als auch im Leben unserer christlichen Gemeinschaft?

2. Die Christen der ersten Jahrhunderte nannten die Familie auch „Hauskirche". Welche Dimensionen des Lebens der Kirche können im Kleinen von einem Ehepaar verwirklicht werden?

3. Durch welche Entscheidungen und durch welche Lebensweise kann jemand, der (noch) nicht der Ehe oder der Ehelosigkeit verpflichtet ist, das Ja seiner Taufe leben? Wie können wir diese Lebensweise verstehen, damit sie uns nicht wie eine Wartezeit, und vor allem nicht als eine letzte Möglichkeit erscheint, sondern als wahrhaftige und lohnenswerte Form, ein geheiligtes Leben zu führen?

Nachwort

Am Ende unserer Reise angelangt, wollen wir eine kühne Aussage wagen: Gott ist von viel größerer Einfachheit als wir, Gott ist die Einfachheit selbst. Gott ist so schlicht, dass er nur einen einzigen Gedanken hat. Das einzige Bestreben Gottes ist es, eine Gemeinschaft von Personen, von freien Wesen zu schaffen, deren Leben im beständigen Empfangen und Geben besteht. Der Grund dafür ist ebenfalls einfach: Gott selbst *ist* Gemeinschaft von Personen. Wir beten zu einem Gott, der Vater, Sohn und Heiliger Geist ist, und bezeugen unseren Glauben an die Dreieinigkeit, auch wenn wir oft die wirkliche Bedeutungsschwere dieses Glaubenssatzes nicht verstehen. Gott ist kein isoliertes Wesen, Gott ist Gemeinschaft, Sein-in-Beziehung. Indem wir Personen der Gemeinschaft werden, leben wir wahrhaftig nach dem Bild Gottes.

Wenn das die Absichten Gottes sind, können wir uns fragen: Wie will er sie verwirklichen? Zuerst erschafft er die Welt, dann ruft er Wesen ins Leben, die dazu imstande sind, Personen nach seinem Abbild zu werden (vgl. Genesis 1,27). Und in dieser von ihm geschaffenen Welt streut Gott Zeichen seiner Heiligkeit aus, „brennende Dornbüsche", die faszinieren, die den Menschen von der Banalität des Alltags weglocken und ihm neue Horizonte, Räume der Freiheit eröffnen. Sicherlich, die Erfahrung des Heiligen hat auch eine furchteinflößende Seite: Sie stellt die Welt auf den Kopf, sie verstört die Menschen, die immer in Versuchung sind, sich möglichst ungestört in dem, was sie sich erarbeitet haben, niederzulassen. Aber sie brauchen keine Angst zu haben; gehen sie das Risiko ein, sich dem Feuer der Heiligkeit zu nähern, werden sie die Freude und den Trost erfahren, dass eine Stimme zu ihnen spricht: „Fürchtet euch nicht!" Sie werden einer persönlichen Realität begegnen, einem Gott, der sie beim Namen ruft und auf diese Weise enthüllt, was in ihnen das Persönlichste ist. Jenseits von Zwang und Druck werden sie entdecken, dass sie frei sind und dazu aufgerufen, eine Antwort zu geben und verantwortlich zu leben.

Was wir gerade beschrieben haben, geschieht nicht an einem Tag, weder in der Menschheitsgeschichte noch im Leben eines jeden von uns. Meist ist es so, dass die Menschen, ohne es zu merken, nach Entschuldigungen suchen, um den Ruf nicht hören und nicht antworten zu müssen. Gott hat dann keine andere Wahl, als fortwährend und mit unendlicher Geduld neue Möglichkeiten zu suchen, um die Herzen seiner Geschöpfe zu berühren. Und eines Tages erhält er die Antwort, die er so lang ersehnt hat. Die Bibel zeigt diese Begegnung „im Geist und in der Wahrheit" im Leben von Maria, der Mutter Jesu, und sie zeigt sie vor allem in Jesus selbst, der von Ewigkeit her der Sohn Gottes ist, der Eine, dessen ganzes Sein eine Offenheit des Empfangens und des Antwortens auf die *eudokia*, das Wohlgefallen des Vaters, ist.

Durch das Leben Jesu, das in seinem Tod und seiner Auferstehung seine Erfüllung findet, wird die Möglichkeit, Person zu werden, für uns greifbar. Wir entdecken, dass Gottes Ruf auch eine Gabe ist, die Gabe der Heiligkeit Gottes in Person, der Heilige Geist. Für alle, die sich durch ein persönliches Ja dieser Gabe öffnen, die im Sakrament der Taufe ihren sichtbaren Ausdruck findet, ist das verwandelnde Feuer nicht länger etwas Äußerliches. Es strahlt seine Wärme und sein Licht in das menschliche Herz und verzehrt nach und nach jede Art von Widerstand gegen die Gemeinschaft. Es macht den, der es im Herzen trägt, zu einem In-Beziehung-Seienden, der nicht länger sich selbst gehört. Die Getauften sind fortan nur noch in der universellen Familie Gottes wirklich zu Hause. Diese wird konkret in einer Gemeinschaft mit einer universellen Sichtweise, der Gemeinschaft der Glaubenden, der Kirche.

Müssen wir noch eigens daran erinnern, dass eine solche Vorstellung vom Menschen als Person alles andere als selbstverständlich ist?

Die moderne Gesellschaft bietet uns ein ganz anderes, völlig entgegengesetztes Bild an. Im vorherrschenden Weltverständnis wird der Mensch vor allem als Individuum angesehen, das sich selbst seine Identität schafft, ein Wesen, das sich selbst die Quelle ist. Auf dem Weg zur Selbstverwirklichung wird auch ein solches Wesen das Bedürfnis nach anderen spüren. Es wird deshalb versuchen, das zu aufzubauen, was gewöhnlich „Beziehung" genannt wird. Aber diese Art der Geselligkeit ist etwas ganz anderes als die persönlichen Beziehungen, von denen wir gesprochen haben. Ein solches „Zusammensein" hält oft genau so lange an, wie es den betreffenden Individuen nützt, keine Sekunde länger. Es verändert die Menschen nicht wirklich, da ihre Identität nicht da „hineingewoben" ist. Kurz, es ist keine Dimension des *Gebens*, der *Verbindlichkeit* eingeschlossen (egal, ob dies mit Worten gesagt wird oder nicht). Dann werden natürlich Stimmen laut, die erklären wollen, dass dies doch eigentlich die Freiheit sei, nach der so viele suchen: keine Bindungen, der höchstmögliche Grad an Unabhängigkeit, das tun zu können, was ich will und wann immer ich es will.

Individuen, so wie sie hier beschrieben werden, können nur auf sich selbst zählen. Die Quelle ihrer Sicherheit können sie nicht darin finden, etwas anzunehmen, das von jemand anderem gegeben wird. Individuen legen daher großen Wert auf das, was sie *besitzen*. Da sie es vorziehen, nicht in einem Austausch des Gebens und Empfangens mit anderen zu leben, können sie sich nur dessen sicher sein, was ihr Eigen ist. Bei ihnen gilt: Du bist, was du hast. Daher ist es für sie wichtig, jegliche Art von sichtbaren und unsichtbaren Gütern anzuhäufen, um sich gegen das beunruhigende Schicksal zu wehren, ihre Identität oder sogar ihr Leben zu verlieren.

Jahrhundertelang war in der westlichen Welt dieses Menschenbild ausgesprochen positiv besetzt. Der *Selfmademan* wurde als die Krone der menschlichen Evolution angesehen. Diese Einschätzung herrschte vor allem in der angelsächsischen und der protestantischen Gesellschaft vor und kann auf die kulturellen Umbrüche der Renaissance/Reformation und der Aufklärung zurückgeführt werden. Eine solche Weltanschauung fasziniert immer dann, wenn Menschen beginnen, sich aus den Fesseln des Traditionalismus zu befreien. Man kann durchaus sagen, dass das eben beschriebene Menschenbild zu einem Synonym für die Moderne geworden ist. In diesem Sinne ist das Individuum ein Produkt der Moderne. Es ist die Karikatur der Person, die das Erwachen des freien und verantwortlichen Subjekts als Folge einer persönlichen Begegnung voraussetzt. Dagegen gibt es in der traditionellen Gesellschaft (bis auf wenige Ausnahmen) weder Individuen noch Personen, so wie wir sie hier definiert haben, sondern nur Menschen, die größtenteils in einem Kollektiv eingebettet sind und von dessen Gepflogenheiten und vorgefertigten Rollen bestimmt werden.

Die moderne Welt überhöht das Individuum; man kann das in etwa vergleichen mit einem Pubertierenden, der, ganz berauscht von seinen ersten Schritten in die Erwachsenenwelt, glaubt, dass seine gerade entdeckten Fähigkeiten ihn bereits mündig machen und dass er nur noch die Hand nach dem Glück und der Erfüllung auszustrecken brauche. Seit einiger Zeit jedoch werden sich die Menschen immer mehr der Kehrseite der Medaille bewusst. Das individuelle Selbst ist nicht imstande, seine Versprechen zu halten, seine Aufgaben zu erfüllen; seine Makel treten mehr und mehr ans Licht. Der Übergang in die Postmoderne kann am Zeitpunkt des Zerbrechens des modernen Selbst festgemacht werden. Derzeit hat sich leider noch keine Alternative herauskristallisiert. Der Versuch, die postmoderne Lebensweise zu zelebrieren und das flexible und unternehmungslustige „fließende Selbstbild"[28] anzupreisen, scheint verfrüht. Viele unserer Zeitgenossen tun sich noch sehr schwer, im Schutt des Individualismus ihren Weg zu finden.

Dieses extrem moderne Bild ist in Wahrheit schon sehr alt, letztendlich ist es im menschlichen Herzen verwurzelt. Im bekannten Gleichnis vom „verlorenen Sohn" zeichnet Jesus ein treffendes Portrait eines solchen, gerade beschriebenen Individuums. Es überrascht nicht, dass der Betreffende ein Jugendlicher an der Schwelle zum Erwachsenwerden ist:

> „Ein Mann hatte zwei Söhne. Der jüngere von ihnen sagte zu seinem Vater: Vater, gib mir das Erbteil, das mir zusteht. Da teilte der Vater das Vermögen auf. Nach wenigen Tagen packte der jüngere Sohn alles zusammen und zog in ein fernes Land ..." (Lukas 15,11-13).

„Gib mir, was mir zusteht!" Der jüngere Sohn, nicht mehr zufrieden damit, bei seinem Vater zu wohnen, will das Seine in Besitz nehmen. Im Stolz auf seine Autonomie nimmt er sein Eigentum an sich und geht weg. Ist das nicht in kürzester Form ein Bild für den Menschen in seiner Beziehung zu Gott? Jesus erzählt diese Geschichte, weil er weiß, dass in jedem von uns ein Individuum steckt; er will uns bewusst machen, dass wir auf diesem Weg keine Erfüllung finden werden. Wir sollen nicht den verlorenen Sohn verurteilen, sondern uns sein Verhalten genau ansehen und daraus eine Lehre für unser individuelles und kollektives Leben ziehen.

Am Ende des Gleichnisses gibt uns Jesus eine wunderbare Beschreibung, was es bedeutet, Person zu sein. Wir finden sie in den Worten, die der Vater zu seinem zweiten Sohn sagt.

---

28   Siehe Vorwort, S. 8, Anm. 1.

Obwohl der ältere Bruder physisch im Haus seines Vaters geblieben war, hatte er die Bedeutung der Beziehung nicht verstanden. In aller Klarheit wird uns gezeigt, dass die göttliche Gunst nicht durch äußerliche Anpassung erlangt werden kann. Nein, um eine Person nach dem Bild Christi zu werden, müssen wir hören, wie Gott diese Worte auch *zu uns* spricht:

„Mein Kind, du bist immer bei mir, und alles, was mein ist, ist auch dein" (Lukas 15,31).

Diese Worte nehmen Jesu eigene Erfahrung bei seiner Taufe auf, die, treten wir in seine Fußspuren, auch die unsere wird: „Du bist mein geliebter Sohn, an dir habe ich Gefallen gefunden" (Markus 1,11). Wir spüren, dass es nichts gibt, vor dem wir uns fürchten müssten; wir sind für die Gemeinschaft geschaffen.

Der Unterschied zwischen einem Individuum und einer Person wird deutlicher, wenn wir uns überlegen, worin der Unterschied zwischen einer *Maske* und einer *Ikone* besteht. Wenn wir uns allein und verletzlich fühlen, neigen wir instinktiv dazu, uns hinter einer Maske zu verstecken, eine vorgegebene Rolle zu spielen. In der traditionellen Gesellschaft ist alles Maske, soziale Rolle, aber dies wird nicht als Zwang verstanden. Individuen dagegen benutzen Masken, obwohl sie spüren, dass die Rolle, die sie spielen, künstlich ist und nicht mit ihrem inneren Selbst übereinstimmt. Sie tun es, um eine Privatsphäre zu schaffen, in der sie sich frei fühlen können; die Maske ist eine Abgrenzung, die sie vor den Blicken der anderen schützt, die als feindlich betrachtet werden.

Der Preis für dieses Täuschungsmanöver ist hoch. Eine Maske hindert uns daran, mit unseren Mitmenschen authentische Beziehungen einzugehen. Außerdem ist sie starr und muss letztendlich zu einem Gefängnis werden, das jede Veränderung und jedes Wachstum erstickt. Wird die Maske unerträglich, kann man sie abnehmen und sie gegen eine andere eintauschen. Wenn sich dann aber eines Tages die fatale Frage erhebt: „Wer bin ich?", wird unsere einzige Antwort sein: „Ich bin eine Reihe von Masken." Damit sind wir nicht weit entfernt von dem, was die Bibel ein Götzenbild nennt:

„Als das Volk sah, dass Mose noch immer nicht vom Berg herabkam, versammelte es sich um Aaron und sagte zu ihm: Komm, mach uns Götter, die vor uns herziehen. Denn dieser Mose, der Mann, der uns aus Ägypten heraufgebracht hat – wir wissen nicht, was mit ihm geschehen ist" (Exodus 32,1).

Aus Angst sucht das Volk einen Ersatz für den unsichtbaren Gott; es will sein Vertrauen in etwas Reales setzen, in etwas, das mit Auge und Hand erfahrbar ist. Aaron macht eine goldene Statue in Form eines Kalbes. Aber dieser „Gott" funktioniert nicht. Er kann den Menschen nicht vorangehen, er kann sie nirgends hinführen, vor allem nicht zu einer Fülle des Lebens, denn letztendlich ist er nichts als eine Projektion ihrer eigenen Unsicherheit. Und haben wir nicht alle unsere „goldenen Kälber", die je nach Anlass einen beliebigen Namen tragen können?

Eine Ikone ist etwas ganz anderes. Wenn wir bei einer Ikone vor allem die Kunstfertigkeit des Malers bewundern, die Zartheit seiner Linienführung, die Farbwahl, dann haben wir das Wesentliche nicht verstanden, wir laufen sogar Gefahr, den Weg dahin nicht zu finden. Eine Ikone ist kein Kunstgegenstand, welcher der ästhetischen Bewunderung dient. Manchmal nennen wir eine Ikone auch „ein Fenster zur Unendlichkeit" – durch eine sichtbare Wirklichkeit erlaubt sie uns, in Beziehung zum unsichtbaren Mysterium zu treten. Auf diese Weise ist sie eine Analogie der Menschwerdung Christi. Die erste Ikone ist tatsächlich das Gesicht Christi, „Ebenbild (im Griechischen *eikon*) des unsichtbaren Gottes" (Kolosser 1,15). Die Haupteigenschaft der Ikone ist ihre *Transparenz*: Sie sucht nicht, die Augen zu fesseln und an sich selbst zu binden; vielmehr will sie unseren Blick anziehen und ihn zu der Quelle führen, die sich unserer Vorstellung entzieht.

Der Ruf Christi und die Gabe des Heiligen Geistes laden uns ein, das Versprechen zu erfüllen, das darin liegt, dass wir geschaffen wurden, Personen nach dem Bilde Gottes zu werden. In diesem Buch wollten wir verstehen lernen, dass eine Beziehung zu Gott den Tod unseres individuellen, isolierten Daseins bedeutet, aus dem heraus wir als Personen der Gemeinschaft wiedergeboren werden. So werden wir alle, gemeinsam als Kirche, eine Ikone Gottes, der die Dreieinigkeit ist. Jenseits unserer Worte und vielleicht ohne dass wir es merken, wird diese Ikone zur Menschheit sprechen und ihr einen flüchtigen Blick auf die atemberaubende Schönheit der Gemeinschaft in Gott ermöglichen.

Ein solches Unterfangen ist nicht die Frucht unserer eigenen Anstrengung, sondern eine Folge der Heiligkeit Gottes in uns. Der Heilige Geist führt uns auf dem Weg, welcher der Weg Christi war, und, was noch wichtiger ist, auf dem Weg, der Christus *ist* (Johannes 14,6).

Letztendlich besteht die Heiligkeit im Leben eines Menschen darin, vom Feuer des Heiligen Geistes das eigene Leben umgestalten zu lassen, damit es immer durchlässiger wird für sein Licht und seine Wärme. So wird unser gemeinsames Leben zu einem brennenden Dornbusch, der eine Welt, die nach Wahrheit und Liebe dürstet, faszinieren wird. Er kann eine Kraft des Mitleidens ausstrahlen, die anzieht, ohne zu zwingen, vereint, ohne auszuschließen, eine sich selbst verzehrende Kraft, die im Herzen der Welt einen beständigen Raum der Freiheit eröffnet – die Freiheit einer Gemeinschaft von Personen.

ZUM NACHDENKEN

1. Lies Lukas 19,1-10. Wie antworte ich auf den Ruf Gottes und wie übernehme ich Verantwortung für andere? Für wen bin ich verantwortlich? Wie drücke ich diese Verantwortung aus? Wo finde ich die Kraft, das zu tun?

2. Worin bestehen einige unserer individuellen und kollektiven „goldenen Kälber" (Exodus 32,1ff)? Was kann uns den Mut geben, sie zu verlassen und unsere Masken abzunehmen?

3. Welche Aspekte des Lebens der Kirche machen sie zu einer Ikone der Dreieinigkeit? Was verdeckt ihr wahres Gesicht? Wie können wir ihr wahres Gesicht wiederherstellen?

Vom selben Autor sind erschienen:

Frère John von Taizé
WEG ZUR FREIHEIT
Die Zehn Gebote neu gelesen

Die Zehn Gebote sind ein biblischer Schlüsseltext.
Es geht um ein Leben in der Gemeinschaft mit einem
Gott, dem an der Freiheit der Menschen liegt. Nicht
Einengung, sondern Befreiung zu einem Leben in
Fülle, zu Gemeinschaft und Solidarität: das ist die
Botschaft der „Zehn Worte", die es zu entdecken gilt.

144 Seiten, kartoniert, ISBN 978-3-87996-656-1

Frère John von Taizé
AN DER QUELLE
Jesus und die Samariterin

Eine Bibelarbeit über die Begegnung Jesu mit einer unbekannten Frau aus Samarien:
Biblische Impulse, „Wasser aus der Quelle" zu schöpfen, Wasser aus der Tiefe, Wasser, das im Alltag zur Quelle werden kann für die Versöhnung unter Menschen und Völkern.

108 Seiten, kartoniert, ISBN 978-3-87996-585-4

VERLAG NEUE STADT
MÜNCHEN · ZÜRICH · WIEN   www.neuestadt.com